Philipp Mickenbecker
Meine Real Life Story
und die Sache mit Gott

PHILIPP MICKENBECKER

MEINE REAL LIFE STORY

und die Sache
mit Gott

adeo

Für meine Eltern,
die einiges mit uns mitmachen mussten
und uns trotzdem immer liebevoll zur Seite standen

Inhalt

Prolog:

Es gibt keine Zufälle

Heute ist der 21. März 2018. Ich liege in einem großen weißen Krankenhauszimmer. Draußen scheint die Sonne, hier drinnen ist es düster. Diesen Geruch von Desinfektionsmitteln und den Anblick meines Rollstuhls kann ich nicht mehr aushalten. Wie ein Gefangener fühle ich mich. Ich bin allein und ich habe Zeit. Zeit, um nachzudenken, um nochmal alles durchzugehen, was in den letzten Wochen passiert ist. Es hat sich so viel verändert, ich muss das jetzt alles einmal aufschreiben, bevor ich es wieder vergesse. Ich wünschte, ich hätte alles festhalten, für immer abspeichern können, jetzt ist sicher schon viel vergessen gegangen. Aber ich werde versuchen, alles so genau wie möglich wiederzugeben.

So richtig fassen kann ich es immer noch nicht. Wir haben unsere geliebte Schwester Elli vor zwei Tagen, am Montag, den 19. März 2018, an ihrem 19. Geburtstag, begraben, nachdem sie mit einem Ultraleichtflugzeug tödlich verunglückt ist. Ich sehe das kleine rote Flugzeug immer noch vor mir. Als Flugzeug war es kaum noch zu erkennen, so tief steckte es im Boden. Hunderte Einsatzkräfte standen auf dem Feld, im leichten Regen. Es herrschte eine bedrückte Stimmung, die Notrakete für den Fallschirm wurde noch nicht ausgelöst und konnte jederzeit explodieren. Eine Polizistin kam auf mich zu und sprach mir ihr herzliches Beileid aus.

Ich habe wieder Krebs. Das Atmen fällt mir schwer, ich fühle mich schwach. Vor etwa viereinhalb Jahren hatte ich schon einmal eine Krebsdiagnose und habe eine Chemotherapie hinter mich gebracht. Eigentlich gilt man nach dieser Zeit als geheilt.

Eigentlich.

Soll ich nochmal diese Chemo machen? Die Chemo, die einen so sehr zerstört und anscheinend doch nicht heilen kann? Ich will lieber bis zum Tod kämpfen, als nochmal dieses Gift verabreicht zu bekommen! Aber dazu später mehr.

Vor ein paar Wochen war in unserem Leben noch alles perfekt. Zumindest sah es so aus und fühlte sich auch so an. Wie schnell kann sich das alles ändern. Wie wenig kann man doch sein Leben planen, wie wenig denkt man darüber nach, was sich alles von einem auf den anderen Tag ändern könnte.

Wir hatten schon immer ein extremes Leben. Wenn ich „wir" schreibe, meine ich meinen Zwillingsbruder Johannes und mich. Wir machen schon immer alles zusammen. Und wenn wir etwas machen, machen wir es richtig, machen es oft extrem. Meistens machen wir es zu extrem, wie unsere Mutter sagen würde. Halbe Sachen gibt es für uns nicht; wenn wir etwas anfangen oder uns etwas vornehmen, wird es auch zu Ende gebracht. Wir versuchen, für alles eine Lösung zu finden, auch wenn es am Anfang oft unmöglich scheint.

Ich verstehe gar nicht, warum unser Leben so extrem ist. Warum es bei uns immer so steil bergauf, aber auch genauso steil wieder bergab geht. Manchmal wünschte ich mir, es gäbe keins von beidem in meinem Leben, weder das extrem Gute noch das extrem Schlechte. Aber ich möchte auch mit keinem anderen tauschen. Egal, was kommt und egal, was passiert ist. Auch nicht mit jemandem anderen, der keinen Krebs hat und da draußen, hinter diesen dicken Krankenhausmauern, ohne Rollstuhl laufen kann. Auch mit meinem Bruder würde ich nicht tauschen wollen. Für ihn muss es auch hart sein, das alles mitzuerleben, vielleicht sogar noch härter als für mich.

Das Schlimmste ist für mich, wenn ich sehe, dass etwas Schreckliches passiert, ich aber nichts daran ändern kann und hilflos dem Schicksal ausgeliefert bin. Eigentlich gibt es für mich gerade überhaupt keinen Grund zur Hoffnung. Warum hat es gerade mich erwischt?

Was hatte das Schicksal gegen mich, einen zwanzig Jahre alten Jungen, der normalerweise nicht ganz so kreidebleich aussieht wie im Moment, der einfach seine Freiheit genießen will und möglichst viele verrückte Abenteuer sucht?

Eigentlich müsste ich verzweifelt sein, müsste mein Leben keinen Sinn mehr machen.

Aber jetzt gibt es da plötzlich einen Lichtblick. Am Donnerstag vor zwei Wochen hat sich schlagartig alles verändert. Dieses Erlebnis hat mein ganzes Leben auf den Kopf gestellt. Und das, obwohl ich immer noch hier in diesem trostlosen Zimmer liege und alles gerade wie ein einziger Albtraum scheinen müsste.

Was war passiert?

Um das zu verstehen, will ich euch mitnehmen in mein Leben, weit weg von der Kamera. In die Zeit, bevor wir YouTube-Stars wurden – auch wenn ich dieses Wort hasse –, als ich noch nicht ahnen konnte, dass ich einmal so krank werde oder dass meine Schwester so früh sterben muss. Das Leben ist so unvorhersehbar. Ich glaube, das ist eben das Real Life, das „echte Leben", das man nicht planen kann und das nicht immer so perfekt ist, wie es in den sozialen Medien aussieht.

Aber ich fange wohl besser vorne an …

UNSERE KINDHEIT:
VON EINEM EXTREM INS ANDERE

Normal kann ja jeder

Mein Zwillingsbruder Johannes, unsere jüngere Schwester Elli und ich haben uns immer super verstanden. Vor allem Johannes und ich. Als Zwillinge waren wir fast wie eine Person, zumindest haben wir sehr ähnlich gedacht und in fast allen Dingen dieselbe Meinung gehabt. Wenn es Streit oder Ärger gab, haben wir immer zusammengehalten, und wir haben von Anfang an gemeinsam die verrücktesten Ideen umgesetzt.

Wahrscheinlich können nur Zwillinge verstehen, wie schön es ist, immer den besten Freund mit dabei zu haben – und nicht nur irgendeinen Freund, sondern jemanden, dem man zu hundert Prozent vertrauen kann, der den gleichen Geschmack, die gleichen Ideen und die gleichen Ansichten hat wie man selbst. Johannes und ich verstehen uns meistens auch ohne zu reden. In der Schule haben wir unsere eigene Sprache entwickelt beziehungsweise so undeutlich miteinander geredet, dass uns niemand anders verstehen konnte.

Mit unserer Schwester hatten wir auch immer ein sehr gutes Verhältnis. Klar gab es manchmal Streit, besonders, als wir noch jünger waren, aber wir haben uns immer schnell wieder vertragen. Elli war genauso verrückt wie wir, genauso lebensfroh, teilweise sogar noch abenteuerlustiger. Ich glaube, sie hätte sich auch manchmal eine Zwillingsschwester gewünscht, denn bei

14

Meinungsverschiedenheiten stand sie immer allein da, gegen uns beide, und das war sicher nicht immer leicht. Auch wenn es mal Diskussionen mit unseren Eltern gab, hatten Johannes und ich es zusammen natürlich immer leichter. Und auch in der Schule, egal, ob es Klassenkameraden oder Lehrer betraf – wer sich mit einem von uns anlegen wollte, hatte immer direkt uns beide an der Backe. Ganz besonders, wenn es um Regeln ging, die wir nicht verstehen oder akzeptieren konnten.

Nicht nur wir sind extrem, sondern auch unsere Eltern. Extrem religiös, wie ich es immer gesagt habe. Aus unserer Sicht als Kinder ging es bei ihrem Glauben vor allem darum, dass man sich an eine Unmenge strenger und für uns völlig unverständlicher Regeln hält. Das Schlimmste für uns Kinder war es, den „Ruhetag zu heiligen", was bedeutete, dass wir am Ruhetag absolut gar nichts tun durften, was Spaß machte. Das hat mit der Zeit dazu geführt, dass er für uns zum absoluten Hasstag wurde, einfach weil wir uns zu Tode langweilen mussten und nicht verstanden haben, warum. Und so ging es uns auch mit den meisten anderen Regeln, die bei uns zu Hause galten.

So sind wir genau ins Gegenteil umgeschlagen – haben alles hinterfragt, unser „rebellischer Geist" wurde schon in der Schule von manchen Lehrern kritisiert. Eigentlich haben wir immer nur darauf geachtet, das zu tun, was uns Spaß macht, und versucht, dabei niemand anderem zu schaden. Alles andere war Nebensache.

Ich muss ganz vorne anfangen. Ganz am Anfang, noch vor YouTube, vor meiner Diagnose, bevor wir von der Schule geflogen sind, noch bevor wir überhaupt zur Schule gegangen sind.

15

Wir haben bis zur vierten Klasse Heimschule gemacht. Bei uns zu Hause, auf einem kleinen ehemaligen Bauernhof. Landwirtschaftlich genutzt wurde dieser Hof schon lange nicht mehr, aber immerhin hatten wir noch ein paar Hasen und Hühner. Und die große Werkstatt! Eine alte Scheune, in der unser Vater alles hatte, was man zum Basteln brauchte. Schon von klein auf haben wir ihm zugeschaut und mitgeholfen, gemeinsam an Fahrrädern geschraubt oder Sachen repariert. Er hat sogar einige Patente entwickelt. Damals wurden wohl die Anfänge unserer Selbstbauleidenschaft gelegt. Das machte einfach viel mehr Spaß, als auf der Spielekonsole zu zocken.

Die ersten vier Jahre unserer Schulzeit mussten wir überhaupt nicht zur Schule gehen, sondern wurden von unserer Mutter zu Hause unterrichtet. Dafür bin ich auf jeden Fall sehr dankbar, auch wenn das, genau wie alles im Leben, Vor- und Nachteile hatte. Ich denke mittlerweile, dass es eine der besten Zeiten in unserem Leben war, die uns so viele gute Grundlagen gegeben hat. Unsere Eltern wären dafür am Ende fast ins Gefängnis gegangen, mussten mehrmals vor Gericht und Strafe zahlen, weil wir nicht in der Schule waren.

In vielen Ländern ist „Homeschooling" inzwischen ein gängiges Konzept, nur in Deutschland wird das einfach nicht akzeptiert, obwohl man uns jederzeit auf unseren Leistungsstand hätte überprüfen können, der vermutlich besser war als bei den meisten „normalen" Schülern. In der vierten Klasse haben wir schon mit x und y gerechnet – und das, obwohl wir nur drei oder vier Stunden am Tag Unterricht hatten. Den Rest des Tages konnten wir mit Freunden im „Real Life" verbringen.

Ab der vierten Klasse sind wir dann auf eine „christliche" Schule gegangen. Der Staat hat uns beziehungsweise unsere Eltern dazu gezwungen. Ich verstehe bis heute nicht, warum diese Schulpflicht in Deutschland so unglaublich ernst genommen wird und es nicht eine Bildungspflicht oder Ähnliches gibt, wie zum Beispiel in Österreich.

Eingeführt wurde die Schulpflicht ja eigentlich mal, um ein gewisses Bildungsniveau für alle sicherzustellen. Schöner Gedanke, aber tatsächlich habe ich manchmal das Gefühl, dass es eher darum geht, Kinder zu beschäftigen und mit sinnlosem Wissen vollzustopfen, als sie zum selbstständigen Denken und zur Bildung einer eigenen Meinung anzuregen. Für meine Begriffe ist die Schule eher hinderlich dabei, Dinge zu hinterfragen und kreativ zu werden. Jedenfalls habe ich das so erlebt.

Ich sehe diesen hässlichen grauen Bau immer noch vor mir. Den hohen Zaun, der den gefängnisartigen Gesamteindruck noch unterstrich. Den kleinen Pausenhof mit einem Basketballkorb, auf dem man überhaupt nichts machen konnte, außer immer nur die gleichen Spiele zu spielen. Die kleinen Fenster in den düsteren Klassenräumen. Hier gab es keine Werkstatt, keinen Wald, keinen Raum für Kreativität, keine Freiheit. Stattdessen hunderttausend sinnlose Regeln, die das ohnehin schon langweilige Schülerdasein so eintönig gemacht haben, dass wir uns vorkamen wie im Knast.

Ich konnte nie verstehen, warum wir die Einzigen waren, die dieses System gehasst haben, aber wahrscheinlich konnten nur wir das so sehen, weil wir das Leben ohne Schule kannten. Ohne diesen Zwang, jeden Morgen stundenlang im Klassenzimmer zu sitzen und sich den Unterricht anhören zu müssen, egal, ob man es schon längst verstanden hatte oder nicht. Wahrscheinlich ging es den anderen wie Hühnern, die in ihren Legebatterien groß geworden waren und das Leben da draußen gar nicht kannten. Die nicht wussten, wie viel Freude es macht, kreativ zu sein, zu versuchen, das Unmögliche zu schaffen und selbst neue Lösungswege zu entdecken, anstatt die Lösungswege auswendig zu lernen, die jemand anders entwickelt hat.

Früher hatten wir einfach aus Interesse gelernt. Ich weiß noch, wie unsere Mutter uns das Dividieren beigebracht hatte. Eigentlich hätten wir noch mit ganz kleinen Zahlen rechnen sollen, aber damals hatte uns der Wissensdrang gepackt. Voller Neugier hatten wir weiter gefragt und gelernt, wie man große Zahlen teilen konnte.

Für uns war dieses neue Wissen so interessant, dass wir abends den Taschenrechner mit ins Bett schmuggelten. Dann dachten wir uns beliebige Zahlen aus und fingen an, fünf- oder sechsstellige durch dreistellige Zahlen im Kopf zu teilen. Wenn wir das Ergebnis hatten, rechneten wir es mit dem Taschenrechner nach. Das machte einfach Spaß, wir freuten uns auf den Unterricht, wir lernten nie für Noten, nein, denn bei uns gab es überhaupt keine.

In der Schule lernte niemand aus Interesse. Hier lernte man für die Noten im Zeugnis. Man versuchte, seinem Gehirn durch endlose Wiederholungen vorzutäuschen, dass etwas wichtig sei, bis man es endlich wusste. Das Schlimmste war, sich nach einem siebenstündigen Unterrichtstag zu fragen, was man an diesem Tag tatsächlich gelernt hatte. Das war meist wenig. Und wenn man sich dann noch fragte, was man für sein Leben gelernt hatte, blieb so gut wie gar nichts übrig. Das hätte man auch in einer Stunde zu Hause lernen können.

Diese Schule nannte sich also „christlich". Was war das, woran die Menschen hier glaubten? Man erzählte uns von einem Gott. Einem höheren Wesen, das uns immer sah und hörte und mit dem man immer reden konnte. Aber ich konnte diesen Gott dort nie wirklich sehen. Zumindest nicht so, dass es mich überzeugt hätte, eher im Gegenteil! Weder in den morgendlichen Andachten noch im Umgang der Lehrer mit uns Schülern kam für mich irgendetwas rüber, das mich hätte aufhorchen lassen. Auch nicht in den gefühlt sinnlosen Gebeten, wenn Matthias für gutes Wetter betete und Sara für Regen. Das hat für mich überhaupt keinen Sinn gemacht, diese ganze Religion. Vielleicht war ich auch einfach nur blind dafür oder konnte damals noch nicht verstehen, weshalb wir so behandelt wurden, wie es der Fall war.

Für mich war dieser Glaube ja nicht wirklich etwas Neues. Aber in dieser Schule gab es zusätzlich zu den Verboten, die wir schon von zu Hause kannten, noch eine riesige Liste weiterer Einschränkungen, die irgendwie auch noch mit dem Glauben begründet wurden. Es war genau vorgeschrieben, wie man sich zu kleiden hatte. Und auch Zwischenmenschliches war strikt geregelt – Kontakte zwischen Jungs und Mädchen waren so weit verboten, dass es selbst beim „Kettenfangen" nicht erlaubt war, ein Mädchen an der Hand zu halten.

Auf jeden Fall haben wir die Schule gehasst. Und das ist echt nicht übertrieben. Wir haben es gehasst, jeden Morgen aufstehen zu müssen, immer mit der Frage nach dem Warum. Warum müssen wir hier in der Schule unsere wertvolle Lebenszeit, unsere wertvolle Kindheit verschwenden? Womit haben wir es verdient, in diesem Gefängnis zu sitzen? In dieser Diktatur der Lehrer, die einem vorschreibt, dass man sein Gehirn durch endlose Wiederholungen betrügen soll, dass die Informationen wichtig seien, anstatt einfach mal echtes Interesse zu wecken. Das hatte unsere Mutter zu Hause geschafft. Da *wollten* wir lernen, da hat Mathe Spaß gemacht, da hat es Spaß gemacht, Neues zu erfahren!

Das einzig Gute in diesem gelb-braun gestriften Blechkasten waren ein paar Freunde, die aber auch alle viel zu weit weg wohnten. Wir fuhren jeden Morgen eineinhalb Stunden mit der Bahn in die Schule, da es bei uns in der Nähe keine christliche Schule gab. Von daher konnten wir nach der Schule selten etwas mit unseren Freunden machen. Wir waren gute Schüler, obwohl wir immer das Gefühl hatten, unsere Zeit endlos zu verschwenden. Mein Bruder hat in dieser Zeit viele Gedichte geschrieben, an eine kurze Zeile kann ich mich noch gut erinnern:

Das Schulsystem ist unser Problem,
die Schule unser Schicksal,
die Lehrer unsre Qual.

Und ja, so war es auch.

Unsere Mutter hat uns immer unterstützt, und wir hatten in der Heimschule das gelernt, was viele andere nie gelernt haben und was man in der Schule nicht lernen kann: Wir haben gelernt zu lernen. So haben wir nie viel für die Schule getan, aber wenn, dann sehr effektiv. Dadurch waren wir immer die Klassenbesten – für unsere Mitschüler galten wir daher schnell als die Streber, auch wenn das wohl am allerwenigsten auf uns zugetroffen hat. Uns hat es immer gequält, bei bestem Wetter bis spät nachmittags drinnen zu sitzen, unnütze Aufgaben zu erledigen und die meiste Zeit darauf zu warten, dass auch der Letzte verstanden hat, wie man die sinnlosesten Berechnungen durchführt, oder zum hundertsten Mal die Hausaufgaben durchgegangen ist, die wir doch schon längst erledigt hatten.

Aus lauter Langeweile haben wir angefangen, ziemlich wilde Experimente zu machen, nicht nur zu Hause, sondern auch in der Schule. Das waren meistens genau die Sachen, die wir im Unterricht nicht machen durften, weil ja alles viel zu gefährlich war und alles zu hundert Prozent abgesichert sein musste.

Ich denke, wir haben uns dabei auch ein wenig nach Aufmerksamkeit und Anerkennung gesehnt, denn leider war es genau das, was man in dieser Schule am allerwenigsten bekommen hat. Irgendwie waren wir alle doch eher Nummern, die mit Nummern bewertet wurden, die alle nach dem gleichen Prinzip bewertet wurden, ohne dass so wirklich auf individuelle Begabungen oder Bedürfnisse eingegangen werden konnte.

Wir haben Knallgas selbst hergestellt und Pistolen gebaut, die täuschend echt aussahen. Und sich vor allem so anhörten. Bald waren wir bei den Schülern für die lauten Explosionen auf dem Grundstück hinter der Schule bekannt.

An eine Geschichte kann ich mich noch besonders gut erinnern. Wir hatten mal wieder einen großen Behälter mit dem Gas gefüllt und so draußen vor dem Fenster angebracht, dass wir die Explosion von innen hinter der geschlossenen Scheibe auslösen konnten. Das Kabel war gut versteckt, und während wir, die klassenbesten Musterschüler, in der letzten Reihe brav unsere Aufgaben erledigten, hätte niemand geahnt, welche explosive Ladung vor dem Fenster nur darauf wartete, entzündet zu werden. Eine kleine Bewegung würde ausreichen, um am Ende des Kabels einen Funken auszulösen, der die Dose wegsprengen würde, ohne dass jemand auf die Idee kommen würde, wer für diesen ohrenbetäubenden Schlag verantwortlich war. Außerdem hätte uns das kein Lehrer zugetraut. Wir waren sehr gut darin, den Anschein der braven Musterschüler aufrecht zu erhalten.

Als unsere Geschichtslehrerin dann in ihrem uns zu Tode langweilenden Vortrag über den Zweiten Weltkrieg auf die fallenden Bomben zu sprechen kam, gab es draußen einen derartigen Schlag, dass die ganze Klasse zusammenfuhr und unsere Lehrerin nur noch stammelte, dass der Krieg nun wohl tatsächlich anfangen würde. Das waren diese Momente, für die es sich dann doch lohnte, in die Schule zu gehen, denn sie machten die ganze Langeweile wenigstens etwas erträglicher.

Oder das Vorspiel, das wir in Englisch vorbereiten sollten: Wir spielten einen Banküberfall, nur dass die Waffe, die Johannes in der Hand hielt, keine Spielzeugwaffe war, sondern eine unserer Knallgaspistolen. Als er abdrückte und unser Kumpel bei dem brutalen Knall täuschend echt zusammenbrach, fand unsere Lehrerin das Ganze überhaupt nicht witzig. Denn leider hatten wir vergessen, dass sie Hörgeräte trug und die den Knall im wahrsten Sinne des Wortes ohrenbetäubend verstärkten... Außerdem war noch jemand vom Schulamt dagewesen – die nette Frau wirkte nach der Aktion etwas verstört.

WIE WIR HOCHKANT
VON DER SCHULE FLOGEN

Es war nicht so, wie es aussah

Am Ende der neunten Klasse sind wir dann nach der letzten Klassenfahrt von der Schule geflogen. Genau: wir, die besten und vorbildlichsten Schüler, als die uns die Lehrer kannten. Wir hatten uns wieder mal nicht ganz mit den strengen Regeln abfinden können und es etwas mit unseren Experimenten übertrieben. Wenn man diese überhaupt so nennen kann.

Bisher waren wir die Lieblingsschüler der Lehrer gewesen, die die 7. Klasse übersprungen hatten, und plötzlich waren wir die allerschlimmsten Verbrecher, sodass sogar die Schule evakuiert werden musste, als wir noch ein letztes Mal hingingen.

Wie das alles kam?

Vor der Klassenfahrt war uns gesagt worden, dass es absolut verboten ist, Alkohol mitzunehmen. Das haben wir natürlich wieder mal eher als persönliche Herausforderung verstanden und zu Hause mit einem selbstgebauten Destillationsgerät hundertprozentigen Alkohol gebrannt. Wir hatten uns gründlich mit dem Thema beschäftigt und wirklich hochwertigen, ungiftigen Alkohol hergestellt – also nicht die Sorte, von der man blind werden kann oder sowas. Unseren Eltern, die das Destillationsgerät natürlich bemerkten, erzählten wir, dass das wissenschaftliche Experimente seien. Das war ja zumindest nicht ganz gelogen. Unser durchsichtiges Destillat füllten wir in eine kleine Flasche, die völlig unverdächtig aussah, und nahmen sie mit auf die Klassenfahrt. Ebenso wie unseren Laptop, den wir gar nicht brauchten. Aber es war untersagt – deshalb musste er mit!

Als dann einige Mädchen aus der Klasse auf die Idee kamen, „Trinkspiele mit Wasser" zu machen, fanden wir, dass dabei der Sinn des Trinkspiels irgendwie nicht richtig rüberkommen würde. Daher füllten wir einem Mitschüler mit einer Spritze eine wirklich winzige Menge (nicht mal 10 Milliliter) unseres hundertprozentigen Alkohols in seine Wasserflasche. Er hat nicht mal was davon gemerkt. Als wir ihm dann erzählten, was wir gemacht hatten, fand er die Aktion aber richtig cool und hat so getan, als würde er besoffen herumtaumeln. Das Ganze war also eigentlich ziemlich harmlos und eher lustig. Andere Mitschüler schauten auf unserem illegal mitgeführten Laptop verbotene Filme an.

Dummerweise hat der Klassenkamerad dann aber nach der Klassenfahrt seiner Schwester von der Sache erzählt und, wie das bei solchen Storys eben so ist, alles total übertrieben. In seiner Version haben wir ihn ohne sein Wissen total abgefüllt. Und die Schwester hat die Geschichte dann nochmal ausgeschmückt – nun war der Mitschüler angeblich betrunken aus dem Fenster gefallen und hatte sich schwer verletzt – und diese Story dann ihrer Mutter erzählt, und so landete das Ganze dann, inzwischen tausendfach übertrieben, beim Direktor.

Schon in den Ferien bekamen wir mit, dass sich ein Gerücht herumgesprochen hatte. Was hatten wir nun zu erwarten, wenn die Schule wieder anfing?

Zuerst schien alles völlig normal. Wir waren lediglich gebeten worden, unseren Laptop mitzubringen. Plötzlich kam die Schulleiterin in den Unterricht. Sie forderte uns auf, zu einem Gespräch in ihr Zimmer zu kommen. Darauf waren wir natürlich vorbereitet. Wir hatten uns eine Story zurechtgelegt, die ziemlich harmlos klang, und die ältere Frau war sichtlich erleichtert.

Etwas erschrocken waren wir, als es hieß, dass nun jeder aus der Klasse zum Verhör kommen sollte. Das würde nicht gut ausgehen. Schnell schnappten wir uns einen Zettel und schrieben die wichtigsten Punkte unserer erfundenen Geschichte darauf mit der Bitte, diese Story zu erzählen. Diesen Zettel ließen wir durch die Klasse gehen.

Die Ersten wurden herausgerufen. Zunächst schien es nach Plan zu laufen. Gerade, als ich dachte, alles wäre noch einmal gut gegangen, ging die Tür noch einmal auf. Der Gesichtsausdruck unserer Schulleiterin deutete auf etwas ganz anderes hin. So wütend hatte ich sie noch nie gesehen.

„Ihr könnt nach Hause gehen und braucht nicht wieder zu kommen!", schrie sie.

Wie sich herausstellte, hatte jemand den Zettel an sie weitergegeben und die echte Story erzählt. Unser Laptop wurde einkassiert, und auf dem fand die Schule dann einige Videos von unseren Explosionen und Experimenten, die wir zu Hause durchgeführt hatten, um zu sehen, welche Materialien man wie am besten in Brand setzen kann. Die erweckten bei der Schulleitung den Eindruck, dass man uns total falsch eingeschätzt hatte und wir anscheinend planten, die Schule wegzusprengen. Und spätestens da lief die ganze Geschichte dann total aus dem Ruder.

Am Ende waren unsere Lügen und der Vertrauensverlust wohl schlimmer als das eigentliche Vergehen. Eigentlich weiß bis heute wohl niemand an dieser Schule, was damals wirklich passiert ist.

Ich sag ja, unser Leben war schon immer extrem. Auch wenn das alles letztlich ein großes Missverständnis war, flogen wir von der Schule, und als wir nochmal hingehen und uns entschuldigen wollten, wurde die gesamte Schule evakuiert. Zum Glück hat sich wenigstens ein Lehrer für uns eingesetzt, sodass wir zumindest noch unsere Zeugnisse bekamen und auf einer anderen Schule neu anfangen konnten.

Natürlich haben wir zu Hause brutal Ärger bekommen und unsere Eltern haben uns erstmal so ziemlich alles verboten. Trotzdem hatte das Ganze auch etwas Gutes, denn so hatten wir wenigstens Sommerferien, die wir bei einem normalen Schulwechsel nach Hessen nicht gehabt hätten. Und die Ferien waren doch die einzige Zeit, in der wir das Gefühl hatten, nicht unser ganzes Leben sinnlos zu verschwenden.

Auch über den Kontrast zwischen unserem Gefühl in der Schule und draußen in der Natur hat Johannes ein ziemlich schönes Gedicht geschrieben:

Die Ferien sind bald vorbei,
die Schule beginnt, die ich hasse,
denn in den Ferien merkte ich nebenbei,
was ich in der Schulzeit alles verpasse.

Egal ob's regnet oder schneit,
selbst beim schönsten Sonnenschein
sperrt man uns die schönste Zeit
des Tages in die Penne ein.

Ein Blaukehlchen singt in den Feldern,
wie gern wär' ich hinausgegangen.
Der Grünspecht ruft in den Wäldern,
doch hält man mich am Schreibtisch gefangen.

Ich weiß die Rehe auf den Wiesen
bei diesem Sonnenschein.
Wenn sie mich nur aus der Schule ließen,
es könnte nicht schöner sein.

Ein Fuchs schleicht durch das Schilf im Graben,
doch ich kann ihn nicht sehen.
Ich sitz an meinen Schulaufgaben,
darf nicht nach draußen gehen.

So froh wir darüber waren, von der Schule geflogen zu sein, waren wir doch plötzlich sehr allein. Ich hätte am liebsten die ganze Geschichte schnell vergessen und verdrängt… wenn da nicht jemand gewesen wäre, den ich gerne näher kennengelernt hätte. Ich war ja gerade in dem Alter, in dem Mädchen plötzlich interessant wurden, und da kam dieser Schulwechsel denkbar unpassend. Mit den Freunden, die wir damals in der Heimschule gehabt hatten, hatten wir nicht mehr viel zu tun. Denn weil die Schule so weit entfernt lag, hatten wir nur noch sehr wenig Zeit gehabt, um uns im Real Life mit Leuten zu treffen oder Aktionen zu starten.

Schon immer hatten wir uns für die Natur interessiert, besonders für wild lebende Tiere. Klar ist es toll, exotische Tiere in fremden Ländern zu sehen, aber unsere eigene Tierwelt hier in Deutschland hat auch einiges zu bieten, stellten wir fest.

Nachdem wir eine Spiegelreflexkamera bekommen hatten, fingen wir an, die Tiere nicht nur zu beobachten, sondern auch zu fotografieren und zu filmen. Wir nutzten jede freie Minute, um raus in die freie Wildbahn zu gehen – für mich war die unglaubliche Kreativität und Vielfalt in der Natur das Einzige, bei dem ich dachte, dass es so etwas wie eine höhere Intelligenz hinter alledem geben musste.

Meistens waren wir im Naturschutzgebiet der renaturierten Landbachaue bei Bickenbach, dem Pfungstädter Moor und Umgebung unterwegs, und es war wirklich staunenswert, was man tatsächlich direkt vor der eigenen Haustür an tollen Entdeckungen und Beobachtungen machen kann.

Irgendwie hatte unser Leben zwei Seiten. Einmal war es diese extreme, verrückte, abenteuerlustige und risikofreudige Seite, auf der anderen sehnten auch wir uns nach Ruhe und Anerkennung. Vielleicht war das der Grund, warum wir es so genossen, stundenlang im Moor zu sitzen, um einem Eisvogel beim Fischfang zuzuschauen, oder um fünf Uhr morgens aufstanden, um kleine Füchse zu beobachten.

So richtig erfüllt hat uns aber keins von beidem. Irgendwie war da die Sehnsucht, ein wirklich sinnvolles Leben zu führen; die Sehnsucht, einen Sinn im Leben zu finden, ohne wertvolle Lebenszeit dabei zu verschwenden. Aber was konnte uns das geben, wenn es uns weder durch die verrücktesten Experimente noch durch die Ruhe in der Natur gelang?

MEINE WELT BRICHT ZUSAMMEN

So war das nicht geplant

Ein Jahr nach dem Schulwechsel war wieder alles bestens in unserem Leben. Wir hatten neue gute Freunde gefunden und waren in eine Klasse gekommen, die uns ohne unsere seltsame Vergangenheit in der letzten Schule kannte. Wir hatten uns gut angepasst, und das erste Mal im Leben habe ich mich sogar immer mehr darauf gefreut, in die Schule zu gehen.

Nach und nach wurden wir mit unserem Hobby, den Tier- und Naturfilmen, immer erfolgreicher, haben Preise, Workshops, Reisen und Preisgelder gewonnen und Hunderte unserer DVDs über die heimische Tierwelt verkauft.

Das erste Mal deutlich bemerkt, dass etwas nicht stimmt, habe ich, als wir im Herbst 2013 mit unseren Eltern an der Ostsee waren, zu einer Preisverleihung auf einem großen Filmfestival. Es war ein richtig schöner Urlaub. Die Natur leuchtete in den schönsten Farben des späten Sommers. Wir hatten alle Fahrräder dabei, und ich habe noch genau das Bild vor Augen, wie wir als Familie über die scheinbar endlosen Deiche der Ostsee gefahren sind. Von Weitem konnte man unsere fünf Falträder sehen, die wir vorher zusammen mit unserem Vater aus alten Teilen zusammengebaut hatten.

Es war ein schöner Abend, die Sonne ging am Horizont unter, die Luft roch salzig nach Meerwasser. Eigentlich war alles so perfekt. Aber eben nur eigentlich. Was niemand wusste und ich auch niemandem sagte, war, dass ich schon seit Wochen immer schlechter Luft bekam, dass ich Tag für Tag an Kraft verlor. Es fühlte sich an, als wäre ein großer Stein in meine Lunge gefallen, der verhinderte, dass ich ganz einatmen konnte.

Als wir nun hier mit unseren Fahrrädern gegen den Wind ankämpfen mussten, merkte ich ganz deutlich, dass etwas nicht stimmte. Normalerweise wäre ich vorneweg gefahren, jetzt hing ich hinten dran und hatte Mühe, mit den anderen mitzuhalten.

Aber ich ließ mir nichts anmerken und erst, als es ein paar Wochen später nicht mehr zu vertuschen war, sagte ich es schließlich meiner Mutter. Und da war es eigentlich schon viel zu spät.

Ich kann mich noch genau an den Tag erinnern, an dem ich die Diagnose bekommen habe. Den Tag, der mein damaliges Leben komplett auf den Kopf stellen sollte.

Ich hatte ein MRT verordnet bekommen, nur zur Sicherheit und um abzuklären, ob die Vermutung des Hausarztes, dass ich eine Lungenentzündung hatte, tatsächlich stimmte. Ich saß schon seit Stunden in diesem Wartezimmer. Vorher war ich so gut wie noch nie beim Arzt gewesen. Ich war dieses Warten nicht gewohnt. Das MRT war kurz und schmerzlos gewesen, aber warum rief mich denn jetzt niemand auf, um mir mitzuteilen, was das Ergebnis war? Alle, die nach mir drangekommen waren, waren längst gegangen, und langsam machte sich ein seltsames Gefühl in mir breit.

Die Ärzte, die am Wartezimmer vorbeikamen, schienen mich beunruhigt zu beobachten, als hätten sie ein Geheimnis, das sie mir nicht verraten wollten. Endlich wurde ich aufgerufen und in dieses dunkle Zimmer geführt. Hinter einem kleinen Schreibtisch saß ein großer Arzt, auf dem Bildschirm vor ihm waren die Bilder des MRT zu sehen. Das MRT zeigte nicht nur meine Lungen, meine Rippen und mein Herz, sondern da war noch etwas anderes, das dort nicht hingehörte.

Ein faustgroßer Tumor.

Genauer gesagt ein Hodgkin-Lymphom, ein weit fortgeschrittener Lymphdrüsenkrebs. Damit hätte ich niemals gerechnet.

Der Arzt war ziemlich trocken und direkt: „Wenn da nicht schnell etwas gemacht wird, hast du nicht mehr lange zu leben", meinte er.

Okay. Ich fand es ja eigentlich gut, dass er so ehrlich war. Was das alles heißen sollte, was diese Diagnose Krebs bedeutete, war mir bis dahin nicht bekannt. Warum hätte ich mich denn auch jemals damit beschäftigen sollen?

Meine Reaktion muss genauso kalt und trocken gewesen sein wie seine. Alles, was der Arzt danach noch sagte, rauschte an mir vorbei wie lärmender Autoverkehr, ohne dass ich es richtig registrierte. Von einer OP und einer möglichen Chemotherapie war die Rede, aber dass das noch abgeklärt werden müsse. Ich hörte gar nicht richtig zu. Ich wollte es nicht wahrhaben. Ich war sechzehn Jahre alt, ich wollte jetzt nicht darüber nachdenken, was das alles zu bedeuten hatte. Ich wollte einfach mein Leben weiterleben.

Meine Mutter war in dem Moment deutlich geschockter als ich. An die Autofahrt zurück kann ich mich nicht mehr so gut erinnern. Ich konnte und wollte nicht zeigen, was ich fühlte, und muss nach außen sehr gefasst gewirkt haben. Außerdem wusste ich eben nicht, was auf mich zukommen würde. Ich kann mich gut verstellen in solchen Situationen, besonders, wenn ich den Eindruck habe, dass ich es für die anderen nur schwerer machen würde, wenn ich meine Gefühle zulasse.

Das habe ich erst zu Hause getan. Auf der Toilette. Ich konnte meine Emotionen nicht länger unterdrücken. Ich glaube, das Schwierigste war gewesen, meinem Vater und meinem Bruder ins Gesicht schauen und ihnen die Diagnose mitteilen zu müssen. Sie waren darauf doch genauso wenig vorbereitet wie ich. Genauso überfordert mit dieser Situation. Ich mochte es nicht, diese mitleidigen Blicke abzubekommen. Natürlich konnte ich sie verstehen. Aber ich wollte stark sein. Ich war es gewohnt, alles irgendwie hinzubekommen, meistens allein oder mit meinem Bruder zusammen. Ich war es gewohnt, erfolgreich zu sein. Das tun zu können, was mir Spaß gemacht hat, das tun zu können, was ich tun wollte. Ein unbekanntes Gefühl der Hilflosigkeit brach plötzlich über mich herein.

Da stand ich nun allein in der Toilette. Hinter mir hatte ich abgeschlossen. Ich wollte mit niemandem reden. Ich wollte allein sein. Ich musste nachdenken. Ich hab es einfach nicht verstanden. Warum hatte es mich getroffen, warum jetzt? Und dann stellte ich etwas ziemlich Merkwürdiges fest: Ich war sauer auf Gott.

Irgendwie habe ich tief in meinem Inneren schon an Gott geglaubt. Gedacht, dass es da doch jemanden oder eine Macht geben muss, die zumindest der ersten Zelle das Leben eingehaucht hat. Nichts bleibt nichts, das ist das Einzige, was wissenschaftlich Sinn macht. Ich konnte mir nicht vorstellen, dass etwas oder sogar alles aus dem Nichts entstanden sein soll.

Viele Gedanken hatte ich mir dazu aber ehrlich gesagt noch nicht gemacht. Ich meine, warum auch? Bisher hatte ich Gott noch nie gebraucht, bisher hatte er mich eher genervt beziehungsweise hatten mich die ganzen Regeln und Verbote in der Schule und bei uns zu Hause genervt, die ja alle irgendwie mit diesem Gott begründet wurden. Gott, so wie ich ihn von anderen präsentiert bekommen hatte, war ein irgendwie nebulöses, strenges Wesen, das weit weg im Himmel saß und kontrollierte, ob wir auch alle brav waren und uns an die Regeln hielten. Diese Vorstellung kam mir schon immer ziemlich komisch und abschreckend vor. Mit so einem Gott wollte ich nichts zu tun haben. Beziehungsweise fand ich nicht, dass man so einen brauchte. Von meinem Real Life war er jedenfalls meilenweit entfernt.

So harmlos sahen wir aus mit unserer Kamera, mit der wir viele tolle Momente in der Natur festhielten.

So fing es an (siehe Bild unten): Wir schipperten mit einem selbstgebauten Floß den Rhein hinunter und erlebten einige Abenteuer. Um unseren Freunden zu zeigen, wieviel Spaß so etwas machte, luden wir ein Video von der Aktion auf YouTube hoch. Und der Rest ist Geschichte.

Unser Motto war schon immer „Do something" - rausgehen, etwas mit Freunden unternehmen, Spaß haben. Bis plötzlich alles anders wurde.

Aus der Zeit der ersten Krebserkrankung gibt es kaum Fotos - ich werde nicht so gern daran erinnert. Daher sorry für das unscharfe Bild.

Reisen ohne Plan und Geld, die erste Aktion mit einer Badewanne, Spiel mit dem Feuer, Baden im Eis oder ein selbstgebautes U-Boot aus zwei Badewannen – wir feiern das Leben und alles, was mit Freunden noch mehr Spaß macht.

Unsere geliebte Schwester Elli

19. März 1999 – 10. März 2018
Wir werden dich nie vergessen!

Aber jetzt habe ich ihn plötzlich gebraucht. Nein, gebraucht ist vielleicht das falsche Wort – ich machte ihn für meine Lage verantwortlich. Und das sagte ich ihm auch. Ich glaube, das war das erste Mal in meinem Leben, dass ich wirklich richtig ernsthaft mit ihm gesprochen habe. Ich habe kein frommes Gebet gesprochen, sondern alles genau so rausgehauen, wie ich mich gefühlt habe, und dabei alles zusammengemischt, was ich über ihn dachte, gelernt hatte und mir wünschte. Wieso sollte ich nicht ehrlich sein, wenn er doch eh alles weiß?

Ich hab mich vors Klo gekniet, weil ich nicht mehr stehen konnte und mein verzweifeltes Gesicht nicht mehr im Spiegel sehen wollte. Und dann hab ich meinen neuen Verantwortlichen gefragt:

Warum?

Warum ICH?

Warum jetzt?

Siehst du nicht, dass ich das jetzt gar nicht gebrauchen kann?

Warum muss das jetzt sein, wo alles so gut läuft in der Schule und mit unserem Hobby, das immer mehr zu unserem Beruf wird?!

Soll das eine Strafe sein?

Ich war wirklich wütend. Und verwirrt. Ich hatte gedacht, Gott, wenn er denn irgendwas zu sagen hatte, würde mir jetzt mal ein schönes Leben gönnen. Ein schönes Leben außerhalb dieser letzten Schule – dieser ganzen Regeln.

Lange hab ich nicht gebetet. Viel zu sagen hatte ich auch nicht. Ich habe mir die Tränen weggewischt, mir mein Gesicht gewaschen und bin schlafen gegangen. Noch lange hatte ich den gleichen Gedanken im Kopf, immer nur die eine Frage: WARUM?!

Als ich wieder aufgewacht bin, fiel mein Blick auf meine Bibel, die ich als Kind frommer Eltern natürlich hatte. Sie lag auf meinem Schreibtisch, gut angestaubt, denn darin gelesen hatte ich schon ewig nicht mehr. Ich habe sie einfach irgendwo aufgeschlagen. Dieses dicke schwarze Buch mit Ledereinband. Dieses uralte Buch, das schon vor Tausenden von Jahren geschrieben wurde.

Ich hab nochmal gesagt: „WARUM, GOTT?! Bist du überhaupt da?! Ich brauche jetzt eine Antwort!" Oder so ähnlich. Vielleicht war das das erste Gebet, das ich zu hundert Prozent ernst gemeint habe. Auch wenn ich wusste, dass man so vielleicht nicht unbedingt beten sollte. Aber das war mir gerade echt egal.

Dann hab ich einfach angefangen zu lesen, genau an der Stelle, wo ich meine Bibel komplett willkürlich aufgeschlagen habe: Das war ziemlich in der Mitte, im Buch Hiob, Kapitel 38, ab Vers 1. Die Überschrift des Kapitels hieß: „**Der HERR selbst antwortet** Hiob und stellt ihm prüfende Fragen." Hiob hatte Gott eine ganz ähnliche Frage gestellt wie ich. Und jetzt antwortete ihm Gott.

Okay, das lese ich mal, habe ich mir gedacht. Vielleicht wollte mir „der Herr" ja tatsächlich auch selbst antworten?

In der Geschichte von Hiob kam der Teufel eines Tages zu Gott, und als dieser ihn auf Hiobs perfektes, gerechtes Leben ansprach, behauptete der Teufel, dass Hiob nur deshalb an Gott glauben würde, weil es ihm so gut ging. Und da erlaubte Gott dem Teufel, Hiob zu quälen, um ihn zu testen. Also zerstörte der Teufel alles, was Hiob hatte. Obwohl er das definitiv nicht verdient hatte. Das konnte Hiob natürlich nicht verstehen, und deshalb fragte er auch nach dem WARUM. Die Geschichte kannte ich bis dahin, jetzt las ich also die Antwort Gottes:

Gott hat Hiob nicht gesagt, dass der Teufel ihn versucht hat, er erzählte ihm nicht die ganze Hintergrundgeschichte. Und seine Antwort ist mehr als eindeutig: Gott hat Hiob einfach klar gemacht, wer er ist und wer Hiob ist. Gott, der die ganze Welt geschaffen hat, hat es nicht nötig, sich vor Hiob zu rechtfertigen. Er weiß, was er tut und warum er etwas tut und was er damit vorhat. Genauso wenig hatte er es nötig, sich vor mir zu rechtfertigen. Mir auf die Frage nach dem Warum eine direkte Antwort zu geben. Und doch war es eine Antwort auf meine Frage.

Gott zeigt Hiob, dass seine Wege und seine Gedanken viel höher sind als unsere. Dass er alles geschaffen hat, dass er auch Hiob geschaffen hat, dass er ihm die Gesundheit und den Erfolg gegeben hat und dass er das Recht hat, ihm das alles auch wieder zu nehmen.

War das ein Zufall? Das war einfach zu passend in diesem Moment. Die nächste Überschrift hieß: „**Die Schöpfung bezeugt Gottes Macht und die Ohnmacht des Menschen**", die nächste: „**Die Tierwelt weist auf die Größe Gottes und seine Weisheit hin**". Und das geht so weiter, bis zum Ende des Buches Hiob. Da heißt es dann: „**Das gesegnete Ende Hiobs**". Ich glaube, ich habe das alles so schnell gelesen, wie ich vorher noch nie in der Bibel gelesen habe.

Ich bin sicher kein Hiob, der sich immer an Gottes Gebote gehalten hat, und trotzdem hab ich genauso nach dem Warum gefragt wie er, obwohl ich doch noch viel weniger das Recht dazu hatte. Und mir schien es, als hätte Gott auf eine Art geantwortet, die ich verstehen konnte. Genau mein Hobby hat er als Beispiel genommen – die Natur und die ganze Tierwelt, die ich immer schon für ihre Großartigkeit und Kreativität bewundert hatte und die für mich auch irgendwie ein Hinweis darauf gewesen war, dass es einen Schöpfer dahinter geben muss.

Ich wollte lieber glauben, dass alles zufällig entstanden ist. Aber wenn ich da draußen in der Natur stand, hatte ich das nie wirklich gekonnt. Irgendeine höhere Macht muss da am Anfang schon aktiv gewesen sein, eben jemand, der dem ersten Lebewesen das Leben eingehaucht hat – so wie es selbst Darwin[1] in seinen Büchern vermutet. Könnten wir wirklich dieses Ich-Bewusstsein haben, wenn wir im Prinzip alle nur ein riesiger Haufen Biomasse wären? Aber wirklich weitergedacht hatte ich bisher nicht. Und es ist ja auch schwierig. Wie will man denn wissen, wer der „richtige" Gott ist, wenn man ihn nicht sehen kann?

Viele reden von Erfahrungen, die man mit ihm machen kann. Ich hab immer gesagt, eine richtige, fühlbare Erfahrung mit Gott wäre das Einzige, was mich eventuell überzeugen könnte. Aber ich hatte bis dahin keine solchen Erfahrungen gemacht, oder zumindest keine, bei der ich mir das nicht auch anders hätte erklären können, als dass da Gott im Spiel gewesen war. Und von den Erfahrungen anderer lernen wollte ich nicht. Erfahrungen kann man nicht weitergeben oder sie jemand anderem beibringen. Die muss man selbst machen.

Das hatte ich immer gesagt. Und jetzt hatte ich anscheinend ja wohl so eine Erfahrung gemacht. Hatte ich nicht gerade ganz eindeutig eine Antwort auf meine Frage nach dem Warum bekommen? Eine sehr beruhigende Antwort. Besonders hat mich das Ende der Geschichte fasziniert, das „gesegnete Ende" Hiobs. Hiob wurde zwar hart geprüft, aber am Ende hat er alles doppelt zurückbekommen.

Darauf konnte ich also vielleicht auch hoffen. Nicht darauf, dass ich doppelt so viele DVDs verkaufen würde, dass ich doppelt so schnell Fahrrad fahren könnte. Aber ich konnte darauf hoffen, dass Gott alles im Griff hat, dass alles bei ihm einen Sinn hat und dass er mich nicht allein lässt. Dass er mit mir diesen schweren Weg gehen würde. Dass er mich weiterhin ermutigen würde und dass er mir auch ein „gesegnetes Ende" schenken würde.

Ich kann euch gar nicht sagen, wie sehr mich diese Antwort erleichtert hat. Eigentlich war es einfach nur eine Textstelle in diesem alten Buch, die ich hier in meinem Bett gelesen hatte. Und doch war es die perfekte Textstelle; ich glaube, in der ganzen Bibel hätte es keine passendere Stelle gegeben.

Ich hatte schon öfter von Christen gehört, dass Gott durch „sein Wort" (sprich, durch die Bibel, die von ihm inspiriert ist) reden würde. Vielleicht hatte ich das gerade erlebt. Es fühlte sich auf jeden Fall so an. Einen tiefen Frieden konnte ich spüren, den ich nicht mal empfunden hätte, wenn mir ein Arzt einen 99-prozentigen Behandlungserfolg versprochen hätte.

Das war schon ein krasses Erlebnis. Ich bin immer noch begeistert, wenn ich an diese Situation denke. Wenn ich daran denke, wie mir Gott auf mein verzweifeltes Gebet auf der Toilette geantwortet hat.

DER KAMPF BEGINNT

Ich habe also tatsächlich Krebs

Und dann hat die ganze Behandlungsodyssee angefangen.

Erstmal sollte eine Biopsie gemacht werden, bei der ein Stückchen des Tumors herausgeschnitten wurde, um zu überprüfen, ob er bösartig oder gutartig war. Dafür musste ich ins Krankenhaus in einer anderen Stadt. Genau dahin, wo meine alte Schule war, und das ist nicht bei uns um die Ecke, sondern vierzig Kilometer entfernt. War das ein Zufall?

Ich war allein in meinem Zimmer und wollte mich ein wenig bewegen. Mir ging es nicht sehr gut, aber durch den Flur laufen, das bekam ich hin. Ich hab aus dem Fenster geschaut und den blauen Wasserturm gesehen, an dem wir jeden Morgen auf unserem Schulweg vorbeigelaufen sind. Etwas weiter dahinter war also dieser hässliche Kasten, der so lange unser Gefängnis gewesen war.

Das war zwar keine sehr schöne Erinnerung, aber ich kam mir auf einmal nicht mehr so fremd vor. Hier kannte ich mich aus. Und in dem Moment musste ich nicht nur an die Zeit denken, als wir von der Schule geflogen sind, sondern auch an das Schöne, das wir hier erlebt hatten. An die Experimente, an die Explosionen, an die ganzen Streiche, die wir uns ausgedacht hatten.

Irgendwie hab ich es vermisst. Besonders die Klassenkameraden, die ich schon lange nicht mehr gesehen hatte. Vor allem Nele, von der ich seitdem nichts mehr gehört hatte, außer ein paar Mails und einem Brief, den sie uns geschrieben hatte, nachdem wir von der Schule geflogen waren und eigentlich keinen Kontakt mehr zu unseren Klassenkameraden haben durften. Damals hatten wir noch keine Handys, da war es noch nicht so einfach, über so eine Distanz Kontakt zu halten.

Irgendwie hat mir das bekannte Umfeld Mut gemacht. *Ich werde das schaffen. Und Gott wird mir helfen*, da war ich mir sicher.

In der Hoffnung auf weitere Erfahrungen habe ich öfter die Bibel genommen, einfach irgendwo aufgeschlagen und gelesen. Und es hat so oft gepasst. Oft bin ich bei den Psalmen gelandet – das sind sozusagen Songtexte, in denen es um alle möglichen Fragen des Lebens geht. Um Schmerz, Angst, Glück, Liebe, Verzweiflung und Hoffnung. Und die finden sich genau in der Mitte der Bibel. Vielleicht gerade für so Menschen wie mich, die ein bisschen Ermutigung brauchen und die Bibel einfach so aufschlagen.

Und wie ermutigend das war! Ich hatte oft den Eindruck, dass der Text persönlich zu mir redete. Zum Beispiel in der Situation in diesem Krankenhaus, in dem ich immer wieder mit ansehen musste, wie Kinder um mich herum den Kampf gegen den Tumor verloren haben. In denen Eltern an ihrem Schicksal fast verzweifelt sind. Das hat mich nicht unberührt gelassen. Eines Tages habe ich den Psalm 91 gelesen, der mir bis heute so viel bedeutet:

„Wer unter dem Schirm des Höchsten wohnt, der kann bei ihm, dem Allmächtigen, Ruhe finden. Selbst wenn die Pest im Dunkeln zuschlägt und am hellen Tag das Fieber wütet, musst du dich doch nicht fürchten. **Wenn tausend neben dir tot umfallen, ja, wenn zehntausend um dich herum sterben – dich selbst trifft es nicht! (…)** *Du aber darfst sagen: ‚Beim Herrn bin ich geborgen!‘ Ja, bei Gott, dem Höchsten, hast du Heimat gefunden. Darum wird dir nichts Böses zustoßen, kein Unglück wird*

dein Haus erreichen. Denn Gott wird dir seine Engel schicken,
um dich zu beschützen, wohin du auch gehst. (…)
*Gott sagt: ‚**Er liebt mich von ganzem Herzen, darum will***
ich ihn retten. Ich werde ihn schützen, weil er mich kennt
***und ehrt. Wenn er zu mir ruft, erhöre ich ihn.** Wenn er*
*keinen Ausweg mehr weiß, bin ich bei ihm. **Ich will ihn***
*befreien und zu Ehren bringen. **Ich lasse ihn meine Rettung***
***erfahren und gebe ihm ein langes und erfülltes Leben!**‘"*

Ich hab mich auf unerklärbare Art sicher gefühlt, auch wenn das
alles hart sein würde, was noch kommen würde. Das wusste ich.

Dann bin ich nach der OP aufgewacht, in der ein kleiner Teil des
Tumors als Probe herausgenommen wurde. Biopsie nennt man
das. Allein, in diesem halbdunklen Aufwachraum. Etwas bene-
belt fühlte ich mich, und doch hatte ich so schlimme Schmerzen,
wie ich sie vorher noch nie und auch nachher nie mehr hatte. In
meine Brust führte so ein komischer dicker Schlauch, aus dem
ist eine eklige Flüssigkeit tropfte. Das hatte mir vorher keiner
gesagt.

Ist da irgendwas schiefgelaufen? Ich hatte auf einmal wieder
Angst. Und solche schrecklichen Schmerzen. Normalerweise bin
ich echt kein Weichei und lasse mir nichts anmerken, wenn ich
mich verletze, mit dem Fahrrad hinfalle und mir alles aufreiße.

Aber diese undefinierbaren Schmerzen aus dem Inneren, bei
denen man nicht weiß, was das ist und wo sie herkommen – damit
konnte ich nicht umgehen. Ich konnte das einfach nicht aushalten.
Das konnte doch nicht richtig sein? Später hat man mir gesagt, der
Schlauch hätte falsch gelegen. Das haben die Ärzte aber erst ein
paar Tage später gemerkt.

Ich war auf jeden Fall ziemlich fertig, hatte überhaupt keine Kraft mehr und auch irgendwie etwas den Willen verloren, das alles mitzumachen. Und dabei war das ja noch nicht mal die Behandlung, vor der sich alle so fürchteten, das war ja nur die Voruntersuchung gewesen!

Mitten in diese Situation kam Nele mit Marie und Alina zu Besuch. Die Mädchen aus meiner alten Klasse. Auch wenn wir komplett verschieden waren, hatte ich vor allem Nele vermisst. Ich hatte ihr geschrieben wo ich bin und jetzt war sie tatsächlich gekommen – zu einem der bösen Jungs, die von der Schule geflogen waren. Ich hab mich wirklich gefreut und ihr Besuch hat mir wieder Kraft gegeben. Wir sind rausgegangen und durch den Park gelaufen. Ganz langsam und mit ganz viel Schmerzmittel, aber immerhin konnte ich laufen!

Als sie wieder weg waren, hab ich noch lange im Park gesessen. Meine Eltern und meine Geschwister waren auch ständig für mich da, und auch das war super tröstlich. Aber dass die Mädchen gekommen waren, das hatte mich nochmal besonders berührt. Und das war doch kein Zufall, dass ich ausgerechnet in diesem Krankenhaus gelandet war, wo ich die Gegend kannte und wo meine Klassenkameraden mich besuchen und ermutigen konnten.

Hier lagen also beide Gefängnisse direkt beieinander. Die Schule und dieses Krankenhaus, in dem ich mich so unglaublich eingesperrt fühlte und noch viel weniger Freiheiten hatte als in dieser Schule. Auch wenn ich hier die Einschränkungen schon eher verstehen konnte, erinnerte es mich unangenehm an die Zeit im Schul-Gefängnis.

An diesem Abend konnte ich vor Schmerzen nicht schlafen. Ich hatte schon die höchste Dosis an Schmerzmitteln bekommen und es war kein bisschen Besserung zu spüren. Da war ein junger Pfleger auf der Station, an ihn kann ich mich noch genau erinnern. Er ist den ganzen Abend dageblieben, ist immer wieder zu mir gekommen und hat alles versucht, um mir zu helfen. Es war Wochenende und gerade waren keine Ärzte im Haus, doch der Pfleger hat sich sehr bemüht, noch jemanden zu erreichen. Irgendwann hab ich ihn gefragt, ob er nicht auch mal Feierabend hat. Er meinte, den hätte er eigentlich schon längst, aber er würde bleiben, bis die Ärztin kommt. Und das hat am Ende noch über zwei Stunden gedauert.

Am nächsten Morgen kam er dann zu mir und erzählte, er hätte selbst nicht schlafen können in der Nacht. Er hätte Kopfschmerzen gehabt und sich Aspirin geholt. Das hat bei ihm zum Glück geholfen, und er könnte sich gar nicht vorstellen, wie es für mich gewesen sein muss, mit diesen krassen Schmerzen und ohne eine Möglichkeit, sie zu lindern.

Das hat mich so getröstet!

Ich schreib das auf, weil ich mich immer daran erinnern will, wie wichtig es ist, bei Menschen zu sein, denen es schlecht geht. Und wie sehr es einem helfen kann, wenn man weiß, dass es da einfach nur jemanden gibt, der mitfühlt.

Wenn man krank ist, fühlt man ganz anders als sonst. Man erlebt alles ganz anders. Und man schätzt alles viel mehr. Selbst ganz kleine Sachen. Jeden kleinen Besuch, bei dem man merkt, dass die Leute nicht aus Neugier gekommen sind, sondern weil sie einfach da sein wollen. Weil sie für mich da sein wollen. So will ich auch immer für meine Freunde da sein, für die da sein, denen es schlecht geht, die Hilfe brauchen. Den Unterschied zwischen denen, die aus Neugier kamen, und denen, die aus wirklichem Interesse gekommen sind, hab ich ganz deutlich gemerkt.

Ich glaube, man wird viel sensibler in so einer Zeit. Wir hatten ja viele Freunde in der Schule. Viele, die etwas von uns wollten, die mit uns befreundet waren, weil wir ihnen geholfen haben. Weil wir immer alle haben abschreiben lassen. Jeder wollte neben mir sitzen. Vor allem in den Arbeiten. Aber wenn man dann mal nicht mehr kann, wenn man anderen nichts mehr nützt, sieht alles ganz anders aus. Dann sind nur noch wenige da. Ganz wenige. Das sind die echten Freunde, auf die man sich verlassen kann. Und eigentlich die Einzigen, mit denen es sich lohnt, befreundet zu sein.

Nele kam immer wieder, mal allein, mal mit ihrem Bruder oder ihrer Schwester. Das Tolle bei ihr war, dass sie mich nicht dauernd gefragt hat, wie es mir geht, sondern einfach da war. Sie hat mich ganz normal behandelt und mir das Gefühl gegeben, dass ich trotz allem noch ein normaler Mensch war. Dafür bin ich ihr immer noch dankbar.

WENN SICH DIE BEHANDLUNG SCHLIMMER ANFÜHLT ALS DIE KRANKHEIT

Die Chemo macht mich fertig

Als Nächstes begann die Chemotherapie. Das bedeutet, dass man den Körper mit sogenannten Zytostatika vollpumpt – das ist quasi ein Gift, das vor allem die Tumorzellen schädigen soll, weil die eine besonders schnelle Zellteilung haben und damit empfindlicher sind. Trotzdem vergiftet man damit natürlich auch den Rest des Körpers gleich mit, und das ziemlich heftig.

Ich hatte mich vorher nie damit beschäftigt, was es heißt, Krebs zu haben, und was so eine Behandlung bedeutet. Und das war auch gut so.

Die erste Runde Chemo wurde mir verabreicht. Das Gift tröpfelte durch meine Venen in meinen Körper und ich spürte erstmal gar nichts. Doch am nächsten Tag kam es dann umso heftiger: extreme Übelkeit und Schwäche, krasseste Kopfschmerzen – es war wie der schlimmste Kater, den man sich vorstellen kann, nur dass der leider nicht mit Kaffee und Ruhe wieder weggeht, sondern immer schrecklicher wird.

Ich war so schwach, dass ich überhaupt nichts mehr machen konnte, als in meinem Bett zu liegen. Gerade für einen freiheitsliebenden Menschen wie mich die reinste Folter. Ich weiß noch, wie ich das Rollo an meinem Fenster ein bisschen weiter hochkurbeln wollte und es einfach nicht geschafft habe. Unter Aufbietung aller Kräfte hab ich die Kurbel einmal drehen können und musste mich erstmal wieder hinlegen und etwas erholen, bevor ich das Teil schließlich weitere zwei Zentimeter hochkurbeln konnte. Fünfmal ging das so, bis das Rollo oben war.

Gott sei Dank habe ich immer wieder Kraft und Ermutigung in der Bibel gefunden, in Stellen, die genau gepasst haben. Damals habe ich das auch alles in einem Buch aufgeschrieben, all diese Ermutigungen und Erlebnisse in der Zeit. Ich weiß nicht mehr, ob ich es später weggeschmissen habe, als ich nichts mehr von Gott wissen wollte. Jedenfalls finde ich es nicht mehr. Das war auf jeden Fall voll von schönen Erlebnissen mit Gott gewesen. Schade eigentlich.

Oft hat es mich einfach überwältigt, wenn ich draußen im Park war und mal wieder eine Ermutigung gebraucht habe. Dann habe ich meine kleine Bibel ausgepackt, und Gott hat immer zu mir gesprochen, immer so passend gesprochen, dass ich einfach überwältigt war, dass er sich um mich gekümmert hat. Gerade um mich, einen von über 80 Millionen Deutschen, der gerade in irgendeiner Klinik war, in der es doch so viel Leid und so viele verzweifelte Menschen gab. Ausgerechnet zu mir hat er gesprochen. Dann hab ich oft im Park gesessen und konnte meine Tränen nicht mehr zurückhalten. Nicht vor Verzweiflung, wie die anderen Patienten sicher dachten, die den bleichen Jungen auf der Bank gesehen haben. Sondern vor Glück, darüber, dass Gott gefühlt bei mir war.

Die meisten dieser Erlebnisse habe ich wieder vergessen. Aber eine Situation hat sich in meinen Kopf eingebrannt, die definitiv kein Zufall war. Ich meine, es gibt viele ermutigende Stellen in der

Bibel, da kann es schon sein, dass man zufällig mal was Passendes aufschlägt. Aber das war echt krass.

Zwischen den Chemos durfte ich immer wieder nach Hause, und ich rechnete jederzeit damit, meine Haare zu verlieren – eine der üblen Nebenwirkungen, die das Gift mit sich brachte. Für mich war die Vorstellung nicht das Schlimmste, und trotzdem hatte ich gehofft, dass ich das nie erleben müsste. Eigentlich hätten sie mir schon längst ausfallen müssen, aber die Ärzte hatten mir gesagt, dass es tatsächlich nicht bei jedem passiert. Also hab ich insgeheim gehofft, dass ich zu denjenigen gehören würde, die ihre Haare behalten durften. Schon seit über drei Wochen empfing mich die Krankenschwester jedes Mal mit einem freudigen Lächeln, wenn sie mich sah und überrascht feststellte, dass ich immer noch alle Haare auf dem Kopf hatte.

Aber dann kam der Tag, an dem ich aufgewacht bin und mein Kopfkissen voller Haare war. Mein ganzes Bett war voller Haare. Ich konnte sie einfach so abnehmen, als würden sie nur auf dem Kopf liegen.

Trostsuchend hab ich wieder meine Bibel genommen. Ich hatte jetzt jeden Tag immer weiter im Neuen Testament gelesen. Und genau an dem Tag kam diese Stelle:

„Welchen Wert hat schon ein Spatz? Man kann zwei von ihnen für einen Spottpreis kaufen. Trotzdem fällt keiner tot zur Erde, ohne dass euer Vater davon weiß.
Bei euch sind sogar die Haare auf dem Kopf gezählt.
Darum habt keine Angst!
Ihr seid Gott viel mehr wert als ein ganzer Spatzenschwarm."
Matthäus 10, 29-31

Das hat mich wieder getröstet. Und auf einmal war es mir wirklich egal, mir hat es nicht mehr so viel ausgemacht, jetzt mit Glatze herumzulaufen. Wenn Gott sogar die Haare auf meinem Kopf gezählt hatte, konnte er sich auch darum kümmern, dass später wieder alle genauso wachsen würden.

Das Problem war daher nicht, dass ich plötzlich eine Glatze hatte. Aber an der Sache mit den Haaren hab ich erst so richtig gemerkt, wie krass diese Medikamente sind und dass sie den Körper so schädigen.

Meine Blutwerte rutschten natürlich in den Keller, ich bekam starkes Herzrasen – ein mega unangenehmes Gefühl, weil der ganze Körper dabei ständig in Alarmbereitschaft ist. Mein Gesicht war so aufgedunsen, dass ich mich selbst im Spiegel nicht mehr erkannte. Die ganze Zeit hatte ich so krasse Kopfschmerzen, dass ich wie benommen war und nur noch die Hälfte von dem mitbekam, was um mich herum passierte. Das Gift machte meine Haut und mein Bindegewebe kaputt, ich habe heute noch die Narben aus dieser Zeit. Auch meine Venen wurden durch die ständige Giftzufuhr irreparabel geschädigt. Und das war nicht der Tumor, der mir all das bescherte, sondern die *Behandlung* des Tumors!

Und dabei wurde mir noch gesagt, dass ich die Chemo „besser" vertrug als viele andere, denen es sogar noch schlechter ging. Tatsächlich habe ich mich immer nach einer Runde Chemo einigermaßen gut erholt und konnte sogar wieder ein bisschen draußen herumlaufen oder Fahrrad fahren. Doch immer gerade dann, wenn sich das Leben so nach zwei Wochen wieder etwas erträglicher anfühlte, kam die nächste Chemo, und alles ging wieder von vorne los. Es war eine einzige Qual.

Als die Chemo endlich abgeschlossen war, folgte noch die Bestrahlung. Dabei erzeugt ein Gerät (ein sogenannter Linearbeschleuniger) ionisierende zellzerstörende Strahlen, die gezielt auf den Tumor gerichtet werden und die Krebszellen weiter schwächen sollen.

Ich wurde mehrmals wöchentlich in eine Röhre geschoben, mein Kopf und Körper exakt auf der Liege fixiert, mit einem Gitter, das jede Bewegung unmöglich gemacht hat. Dann hat die Bestrahlung begonnen. Sehen konnte ich diese Strahlen nicht, spüren auch nicht, höchstens das leise Brummen der Maschine konnte ich hören. Und doch hat sich dadurch etwas in meinem Körper verändert. Irgendwie seltsam war das, irgendwie beängstigend. Die Nebenwirkungen waren fast so krass wie bei der Chemo: Kopfschmerzen, Schwäche, Übelkeit.

Die ganze Zeit hat es mich getröstet, dass Gott das alles weiß, dass er da ist und mir helfen will. Dass er genauso da war und genauso real ist wie diese unsichtbaren Strahlen. Sehen konnte ich sie nicht, aber die Auswirkungen spüren. So konnte ich Gott tatsächlich auch spüren; spüren, wie er mein Leben und meine Gedanken zum Positiven verändert hat.

Ich hab darüber aber leider mit niemandem geredet oder diese Erfahrungen geteilt. Vielleicht wollte ich nicht zugeben, dass ich was mit Gott erlebt hatte, dass ich irgendwie an ihn glaubte. Nicht mal mit Johannes habe ich darüber gesprochen, denn zum ersten Mal erlebte ich etwas völlig anderes als er, machte komplett andere Erfahrungen, mit denen er gar nichts anfangen konnte und die er genauso kritisch sah, wie ich selbst sie noch vor Kurzem betrachtet hatte. Schließlich hatte ich immer gedacht, dass Leute, die so etwas glauben, irgendwie merkwürdig sind. Vielleicht war es einfach deshalb, weil ich nicht so werden wollte wie meine Eltern.

Und vielleicht denkst du gerade ähnlich. Aber hör jetzt bitte nicht auf zu lesen. Das war nämlich alles erst der Anfang. Der Anfang einer unglaublichen Reise, die ich selbst nicht für real halten würde, hätte ich sie nicht erlebt. Wenn du nichts damit anfangen kannst, dann bleib bitte trotzdem dran. Du wirst dann nämlich sehen, dass ich das alles auch wieder angezweifelt habe. Ich bin ein sehr rational denkender Mensch, mir fällt es nicht leicht, von Erfahrungen auf übernatürliches Eingreifen zu schließen. Da musste sich Gott schon etwas ganz Besonderes ausdenken. Und er hat die Challenge angenommen. Aber mehr dazu später.

Vielleicht wäre es besser gewesen, wenn ich diese Erfahrungen geteilt hätte. Ich glaube, es hat viel Gutes, anderen davon zu erzählen. Ein richtiges Vorbild hatte ich auch nicht, oder zumindest kannte ich niemanden, der für meine Begriffe „normal" tickte und mit Gott lebte. Es wäre cool, wenn ich so jemand für dich sein könnte – ein Beispiel, dass Gott nicht nur mit seltsamen Personen Kontakt aufnehmen will, die irgendwie einen psychischen Schaden haben, sondern mit jedem. Na ja, gut, wenn du unsere Videos kennst, bist du dir vielleicht wegen des psychischen Schadens nicht so sicher ☺. Klar haben wir alle unsere Schäden. Aber ich hoffe, dass wir in einer positiven Weise verrückt sind. Normal ist doch langweilig.

Wie auch immer, es wäre wichtig für mich gewesen, von jemandem zu hören, dem Gott auch im ganz normalen Leben begegnete. Mir war nämlich sehr bewusst, wie anders man alles wahrnimmt, wenn man krank ist. Wie sehr man auch auf Kleinigkeiten achtet und vielleicht auch Sachen übersensibel wahrnimmt.

Zum Beispiel die Sache mit den Haaren. Den Vers habe ich nochmal gelesen, ein paar Monate später, in einem anderen Evangelium, in Lukas 12,6-7: *„Welchen Wert hat schon ein Spatz? Man kann fünf von ihnen für einen Spottpreis kaufen. Und doch vergisst Gott keinen Einzigen von ihnen. Bei euch sind sogar die Haare auf dem Kopf alle gezählt. Darum habt keine Angst! Ihr seid Gott mehr wert als ein ganzer Spatzenschwarm."*

Da hab ich mir über den Kopf gestrichen und auf einmal gemerkt, dass meine Haare wieder anfangen zu wachsen. Das hat mich wirklich berührt. Einmal, das erste Mal, hätte es noch ein Zufall sein können, aber das zweite Mal nicht mehr. Diese Stelle gibt es tatsächlich nur zwei Mal in der Bibel und genau an diesen beiden Tagen, Monate auseinander, hatte ich genau diese Stelle gelesen. Einmal, als mir die Haare ausfielen, und dann wieder, als sie anfingen nachzuwachsen. Eigentlich war ich mir also sicher, dass das Gott sein musste, der mir sagen wollte, dass er auf mich aufpasste und dass ich keine Angst haben musste.

LANGSAM GEHT ES WIEDER AUFWÄRTS

Höchste Zeit für neuen Blödsinn

Aber eben nur eigentlich. Als ich etwa ein Jahr nach der Diagnose wieder fit war, hab ich Gott auf einmal nicht mehr so wahrgenommen. Dann hatte ich ja auch wieder so viel anderes zu tun. Da vergisst man Gott schnell.

In dem Jahr zu Hause war ich viel draußen gewesen, hatte viel Zeit gehabt, Vögel zu beobachten und besondere Momente zu filmen. Und am Ende haben wir mit diesen Aufnahmen sogar den Deutschen Jugendnaturfilmpreis gewonnen. Oft hatte ich mich sogar etwas darüber freuen können, dass ich wegen meiner Erkrankung meist nicht zur Schule musste und stattdessen draußen die Tierwelt filmen und beobachten konnte. Nun, nach rund einem Jahr, konnte ich wieder in die Schule gehen, bin wieder gut mitgekommen, und auch sonst war ich schnell wieder richtig fit.

Natürlich waren wir in der Zeit aber auch im Hinblick auf, nun ja, sagen wir, von der Schulleitung in dieser Form unerwünschte Aktivitäten nicht untätig. Aber an dieser Stelle lasse ich mal lieber Johannes erzählen, der in seinen Tagebucheintragungen aus dieser Zeit so einiges an interessanten Storys gefunden hat.

Johannes: Wenn ich die Zeit in der Schule überdenke, dann war diese vor allem von einem Gefühl geprägt, das uns allen gut bekannt ist und das wohl als zwangsläufige Begleiterscheinung des Schulsystems gesehen werden kann. Dieses war ganz einfach die Langeweile, die uns tagtäglich begleitete, die wir vielleicht schon gar nicht mehr wahrnahmen, weil wir sie so gewohnt waren. Ich meine nicht, dass es uns an Arbeit und Beschäftigung fehlte. Nein, ganz im Gegenteil, die Arbeitsbeschaffungsmaßnahmen und Beschäftigungstherapien, die man sich ausgedacht hatte, erfüllten ihren Zweck (die Beschäftigung) sehr gut. Jedoch änderten sie nichts an der Langeweile, da sie selbst langweilig waren.

Mit alledem möchte ich nur verdeutlichen, was die treibende Kraft war, die uns dazu brachte, unsere Kreativität neu zu entdecken, und uns so manches Abenteuer erleben ließ, in dem wir die uns gesetzten Grenzen manches Mal eventuell ganz geringfügig überschritten.

Angefangen hat alles damit, dass Philipp aufgrund seiner Krankheit nicht in der Schule sein konnte und wir der Meinung waren, es sei doch ein Leichtes, ihm mittels moderner Technik wie Tischkameras und Mikrofone die Möglichkeit zu geben, am Unterrichtsgeschehen teilzuhaben. Dies wurde uns jedoch aus Datenschutzgründen untersagt. Was uns natürlich als Ansporn und Rechtfertigung diente, es erst recht in Angriff zu nehmen.

Ich erinnere mich nicht mehr genau, was die erste unserer spannenden Missetaten war, eigentlich ist es auch egal, da es mir scheint, als hätte ich solche Aktivitäten schon immer sehr geschätzt.

Ein Freund hatte ein Tool gefunden, mit dem man die in der Schule von den Lehrern genutzten Smartboards (PC mit Beamer, der auf Touch reagiert) vom Handy aus hochfahren kann. Dazu war zunächst mal nur das Passwort des Netzwerks nötig, in dem wir uns befanden, und die App, die man sich völlig legal kostenlos downloaden kann. Das Passwort des WLANs, in dem sich die Smartboards befanden, war unter den Schülern sowieso bekannt. Also konnten wir jetzt den PC im Klassenzimmer hochfahren, was aber noch ziemlich uninteressant war, da er nur kurz piepte, der Beamer aber ausblieb und so nichts zu sehen war.

Natürlich hatte die Schule auch einen Computerraum mit einem eigenen WLAN. Das Kennwort von diesem hatte ich (dank Vertrauen des Lehrers) schon länger. Also schlichen wir uns in den Pausen an das Fenster zu diesem Raum, in dem der alte Lehrer meist voller Frustration über die Sinnlosigkeit des Schulsystems die Ruhe genoss. Durch das Senden des virtuellen WOL (Wake on Lan)-Paketes an alle PCs wurde diese Ruhe aber plötzlich durch die Geräusche von 25 startenden PCs und blinkenden Mäusen unterbrochen.

Der Lehrer stand auf und ging ratlos eine Runde durch den Raum. Na ja, das war erstmal ganz lustig, aber so wirklich viel brachte uns das noch nicht. Nützlicher wäre es doch schon eher, den Bildschirm des PCs auf dem Handy zu sehen und gleichzeitig auch die Maus steuern zu können.

Auch für diese Funktion standen uns legale Apps zur Verfügung, das Problem war nur, dass man auch ein entsprechendes Programm auf dem PC installieren musste. Ein wirkliches Problem war das aber eigentlich nicht. Erstmal hatten wir nur vor, es zum Zeitvertreib auf einem PC zu machen. Die nächste Gelegenheit, bei der wir unbeaufsichtigt im Klassenzimmer waren, wurde also genutzt, um die Software zu installieren, und schon konnten wir den Bildschirm des PCs auf unserem iPad sehen und fernsteuern.

Schon ein etwas größerer Erfolg für Schüler, die sich gern aktiv am Unterricht beteiligen. Aber auch das verlor mit der Zeit seinen Reiz. Hätte man sich Daten kopiert oder sonst etwas getan, das die Lehrkraft alarmiert hätte, wäre das sofort aufgefallen, wenn der Beamer an war. Das nächste Ziel war es also, im Hintergrund auf den PC zugreifen zu können, sodass man alle Freiheiten hatte, ohne dass es von jemandem bemerkt wurde. Außerdem wäre es praktisch, nicht nur aus demselben WLAN zugreifen zu können, sondern auch von anderswo aus.

Das letztere Problem behoben wir ganz einfach durch Teamviewer, das wir über die andere App auf den PC mit ausgeschaltetem Beamer installierten, nachdem wir ihn mit WOL angeschaltet hatten. So, nun standen uns die Leistung der PCs und deren Inhalt also auch zu Hause für Tests und andere Zwecke zur Verfügung. Allerdings ist Teamviewer natürlich ziemlich offensichtlich, auch wenn wir es schon weitestgehend versteckten. Um nun eine unauffälligere im Hintergrund laufende Methode für unsere friedlichen Fernzugriffe zu finden, programmierte unser engagierter Freund einen auf RDP basierenden Virus. RDP (Remote Desktop Protocol) ist ein Remote-Programm, das ebenfalls, selbstverständlich legal, von Microsoft zur Verfügung gestellt wird.

Durch unsere kreative Vorliebe für das Zweckentfremden von anderweitig Brauchbarem konnten wir das Programm ebenfalls für unsere Zwecke nutzen. Zunächst erstellt der Virus einen zweiten Benutzeraccount, der im Hintergrund läuft, während auch der andere Account angemeldet ist. Auf diesem verbindet man sich nun von einem anderen Gerät aus mit RDP. Nach ein paar Fehlversuchen und durchgemachten Nächten unseres Freundes hatten wir es geschafft. Und so langsam fing es an, interessant zu werden. Der Virus ist, getarnt als PowerPoint-Präsentation, mit zwei Klicks sehr schnell installierbar. Und schon kann man von einem anderen Schul-PC auf das neue Opfer zugreifen und es an seine eigenen Bedürfnisse anpassen.

Wir konnten also im Unterricht über unser Handy im Hintergrund am selben Computer sein wie unser Lehrer, ohne dass er etwas davon mitbekam! Das war besonders dann interessant, wenn der Lehrer einen Stick in das Smartboard steckte, auf dem sich interessante Daten befanden.

Ja, so langsam kam natürlich der Wunsch auf, die neuen Fähigkeiten auf alle Rechner und vor allem die Smartboards auszuweiten. Hier kam uns zugute, dass unsere Kreativität nicht nur im Umgang mit IT-Technik zum Tragen kommt, sondern auch im richtigen Leben manchmal ganz nützlich ist. So erweiterten wir unsere sozialen Kompetenzen auf den Umgang mit Reinigungspersonal und unbekannten Lehrern, die wir um Erlaubnis baten, eine PowerPoint-Präsentation zu testen. Auch im sportlichen Bereich wurden wir tätig und kletterten in der Pause durch versehentlich offen gelassene Fenster in die Klassenräume, wo ich kurz die „Präsentation testete". Das Gefühl, unerlaubt im Klassenraum zu sein und jeden Moment beim Installieren des Virus erwischt werden zu können, gab mir einen ganz besonderen Adrenalin-Kick.

Natürlich erweiterten wir unsere Kenntnisse auch auf die Bereiche der Mechanik, und so hatten wir schnell herausgefunden, wie durch ein kleines Stück Papier die Türen auch nach dem Schließen wieder zu öffnen waren. Während dem Rausgehen schnell ein Papier ins Schloss geschoben, im Treppenhaus gewartet (mit dem gleichen Trick kam man auch von innen wieder heraus), und nachdem der Lehrer dachte, dass das Schloss vermeintlich eingerastet war, konnten wir gemütlich in den Raum spazieren und uns dem Smartboard widmen. Außerdem ermöglichte es die Erfindung eines abgeschrägten Blechs, auch abgeschlossene Türen ohne Weiteres zu öffnen.

Nach einer Weile stellten wir zufrieden fest, dass nun schon über die Hälfte aller PCs in unseren Händen war. Ordentlich und gewissenhaft, wie wir waren, erstellten wir, um Verwechslungen zu vermeiden, einen Netzwerkplan, zu dem fast täglich neue IP-Adressen und Zugangsdaten hinzugefügt wurden.

Über alledem vergaßen wir völlig, dass uns einmal in der Schule langweilig gewesen war, und als die Ferien begannen, vermissten wir plötzlich unser neues Hobby. Kurzentschlossen statteten wir der Schule in den Ferien zwei Besuche ab, in den Mittagspausen der Reinigungskräfte. Dabei sorgten wir nicht nur dafür, dass die PCs etwas nützlicher für uns persönlich wurden, sondern stillten auch materielle Bedürfnisse. So stand die Panzertür zum Chemieraum offen, und schon waren wir nach ein paar Minuten mit klopfenden Herzen und gestiegenem Adrenalinspiegel um ein Gramm Kaliumnitrat reicher. Eine konkrete Anwendung für das zukünftige Schwarzpulver hatten wir zwar noch nicht, aber vorausschauend und mitdenkend nutzten wir die Gelegenheit.

Nach getaner Arbeit setzten wir uns ganz offiziell zum Entspannen mit dem Laptop auf die Aulawiese und sahen uns auf den neu gewonnenen Rechnern um.

Als die Schule wieder anfing, waren wir erstaunt und erfreut über die neuen Möglichkeiten. Einige Lehrer hatten die Gewohnheit, ihre persönlichen Sticks mitzubringen und diese in die Smartboards zu stecken. Nun konnten wir uns von unserem Zweitaccount in Ruhe auf dem Stick umsehen, während der Lehrer die Präsentation startete. So mancher aufmerksame Lehrer wunderte sich darüber, dass der Stick ständig blinkte und die Präsi ungewohnt langsam war, aber wer hätte schon geahnt, was verantwortlich dafür war?

Brauchbare Sachen wanderten dank Android-Dateiexplorer direkt auf das Handy oder in den Spezialordner unseres Zweitaccounts. Später konnten wir zu Hause auf den PC zugreifen, auf dem Teamviewer lief, uns von diesem mit RDP auf den PC verbinden, auf dem wir die Daten zwischengespeichert hatten, und anschließend umgehend die Spuren beseitigen.

Natürlich blieben wir nicht immer vollkommen ungestört, so manches Mal wurden wir bei Installationsarbeiten im Klassenraum erwischt. Nie um eine Ausrede verlegen, waren wir mit einem freundlichen Lächeln stets schnell wieder auf freiem Fuß.

Auch andere Missgeschicke blieben nicht aus. So ging ich auf dem Heimweg mit Teamviewer auf unseren Lieblings-PC und warf dort einen schnellen Blick durch die computereigene Kamera, die ich vorher in Richtung Klasse gedreht hatte. Anstatt wie erwartet in einen dunklen, nur vom Notausgangsschild erhellten Raum zu blicken, sah ich eine lachende Klasse und die Lehrerin, die wütend auf das Smartboard zukam. Ich hatte ganz vergessen, dass ich eine halbe Stunde früher Schluss gehabt hatte und die anderen noch im Unterricht saßen. Der Beamer war also an und die Schüler hatten sich selbst auf dem Bildschirm gesehen. Nach ein paar Sekunden wurde der Bildschirm schwarz, die ratlose Lehrerin hatte den Stecker gezogen. Was sie sich gedacht hat, möchte ich gar nicht wissen, fand es aber zu diesem Zeitpunkt ziemlich lustig.

Neben dem gut gemeinten Datenraub trugen wir auch im Sinne der schülerischen Mehrheit aktiv zum Unterrichtsgeschehen bei. So hatte unsere Franze-Lehrerin zum Beispiel die nervige Angewohnheit, Filme alle zwei Minuten anzuhalten, um selbst zu übersetzen. Diese stressige Situation ließ sich ganz einfach durch die Funktion des Sperrens der Eingaben vermeiden. Auf Knopfdruck waren wir nun die Einzigen, die Eingaben am PC tätigen konnten; Maus und Touchscreen waren blockiert, und so konnten wir in Ruhe und ohne Störung den Film zu Ende schauen. Besonders peinlich für die arme Frau war es dann, als sich einer von uns meldete, nach vorne ging und den Film ganz normal pausierte, nachdem wir die Eingabe wieder aktiviert hatten. Wurde der Unterricht allzu blöd, schalteten wir den PC über das zweite Benutzerkonto einfach aus. Natürlich konnten wir der Lehrerin, hilfsbereit, wie wir waren, auch stets einen komplizierten Grund für das unerwartete Abstürzen nennen.

Nicht nur unserer eigenen Klasse konnten wir auf diese Weise etwas Gutes tun. Wenn wir durch das Fenster in der Tür Schüler anderer Klassen erblickten, die sich bei laufendem Unterricht kaum noch wachhalten konnten, hatten wir die beste Möglichkeit, ihnen zu helfen. Über WOL starteten wir den PC im Klassenraum, der Beamer blieb aus. Dann stellten wir die Lautsprecher von den Boxen auf den PC um. Jetzt konnten wir auf YouTube einen beliebigen Sound suchen und diesen auf voller Lautstärke abspielen. Die Klasse konnte sich kaum noch halten vor Lachen, und die Lehrerin starrte nur verständnislos auf den scheinbar ausgeschalteten PC. Dann kam ihr eine Idee und mit einer aggressiven Handbewegung schaltete sie die Lautsprecher aus. Jetzt schaute sie noch dümmer, denn der Ton lief weiter, bis wir entschieden, die Klasse sei nun munter genug, um weiter den trockenen Unterrichtsstoff aufzunehmen.

Eine weitere schöne Möglichkeit zur Verwirrung der Lehrkraft war das Senden von Nachrichten vom Zweitaccount an den des Lehrers. Über den Taskmanager kann man jede beliebige Nachricht schreiben, die dann in Form eines Pop-up-Fensters mit einem lauten Signalton erscheint. Neben dem normalen Windows-Update „Der PC wird jetzt heruntergefahren" (mit sofortigem Eintreten der Ankündigung) entschieden wir uns, bei einer Lehrerin, die wir als etwas spaßverstehend einschätzten, besonders dreist zu sein. Wir hatten mitbekommen, dass ihre Klasse einen Film schaute. Unter ihrem Fenster versteckten wir uns hinter ein paar Büschen, um genau zuhören zu können. Dann verbanden wir uns mit dem PC und schickten ihr eine Nachricht: „Hallo, Frau XY" – den lauten Sound konnten wir deutlich hören und gleich darauf das verwunderte Gemurmel der Lehrerin. Dann sagte sie, alle sollten nun einmal ganz laut „NSA!" rufen. Noch überraschter war sie, als wir daraufhin „Hallo, wer ist die NSA?" schrieben.

Langsam wurden uns auch diese Spielereien zu langweilig. Doch bald bekamen wir eine sehr gute Gelegenheit, um unser Machtgebiet im Netzwerk noch etwas auszuweiten. Die Schule hatte schon lange vorgehabt, einen Online-Vertretungsplan zu erstellen. Der Schüler, der das hatte einrichten wollen, war aber abgesprungen. Zunächst wirklich ganz ohne Hintergedanken boten wir uns an, dieses Projekt weiter zu betreuen. Erst kurz danach wurde uns klar, welche neuen Möglichkeiten uns durch diese freiwillige Arbeit gegeben wurden.

Um den digitalen Plan einzurichten, bekamen wir einen Platz im hinteren Kopierraum zugewiesen, in dem den Lehrern verschiedene PCs zur Verfügung gestellt wurden. „Unser" PC hatte einen Touch-Bildschirm und eine eingebaute WLAN-Karte. Das Erste, was uns auffiel, war, dass der PC sich nicht in „unserem" Netzwerk, sondern in einem mit dem Namen „Verwaltung" befand. Wir brauchten nicht weit zu denken, um zu wissen, dass dies dasselbe Netzwerk war, an dem auch die PCs der Schulleitung angeschlossen waren. Unsere Neugier auf die dort wartenden Daten lag wahrscheinlich einfach in unserer jugendlichen Natur.

Zuerst einmal installierten wir auf „unserem" Touchpad die Standard-Software, also Teamviewer und RDP. Sehr erfreut waren wir außerdem darüber, dass der PC auch noch über eine Webcam und ein eigenes Mikrofon verfügte. So konnten wir uns also jederzeit über eventuelle unerwünschte Tätigkeiten der Lehrer an den Computern informieren.

Nun schauten wir uns einmal auf den anderen PCs um. Es ist doch schließlich viel schöner, wenn jeder einen eigenen PC zur Verfügung hat. Auf den PCs gab es wie erwartet einen Lehrer-Account und einen Admin-Account der Netzwerkfirma, die natürlich beide passwortgeschützt waren. Der erste Versuch mit dem Passwort „Lehrer" war zwar direkt erfolgreich, doch mussten wir feststellen, dass „wir" über nur wenige Rechte auf diesem Account verfügten. Wollten wir irgendetwas installieren oder auch nur löschen, brauchten wir das Admin-Passwort und das des Schulservers, auf dem alle Daten gespeichert werden.

Nach kurzem Nachfragen wurde klar, dass nur die Netzwerkfirma diese Passwörter besaß. Natürlich hatten wir uns vorgenommen, auch diese neue Herausforderung zu meistern. Für unseren Plan brauchten wir zuerst einen Vorwand, weshalb wir das Passwort für einen der PCs benötigten. Wir überlegten uns, dass es für die Lehrer, die den Vertretungsplan zukünftig nutzen würden, doch sinnvoll wäre, die Umsetzung ihrer Änderungen direkt vom eigenen PC aus überprüfen zu können. Dafür entwickelten wir ein Programm, das es auf Basis von VNC (Virtual Network Computing) ermöglicht, die Anzeige eines der Bildschirme des Vertretungsplans auf einen anderen PC zu übertragen. Natürlich hielten wir uns damit auch die Möglichkeit offen, diesen Vorgang rückwärts zu starten, also von unserem PC aus den des Lehrers zu betrachten.

Nun stellten wir dieses Programm unserem stellvertretenden Schulleiter vor, der sich sofort bereit erklärte, es an seinem PC zu testen. Scheinbar überrascht stellten wir nun fest, dass wir nicht die Rechte hatten, es zu installieren. Dieses Problem war natürlich auch ihm bekannt, und auch die Lösung hatte er bereit: Er rief die Netzwerkfirma an, die sich nun mit Teamviewer auf seinem PC verband und hier das Passwort eingab. Nun gut, wir hatten also noch nicht selbst das Passwort, waren aber einen Schritt weiter.

Die gleiche Prozedur wiederholten wir beim Sicherheitsbeauftragten der Schule, ließen aber auf unserem Stick einen Keylogger mitlaufen, der alle Tastatureingaben aufzeichnen sollte. Natürlich blieb dieser unbemerkt, die Firma gab das Passwort ein, und wir machten uns gespannt auf den Rückweg ins Lehrerzimmer, um die aufgezeichneten Eingaben auszulesen. Enttäuscht sahen wir, dass alles aufgezeichnet worden war – außer dem Passwort.

Stattdessen stand hier „Dateizugriff verweigert". Ganz so einfach ließ sich Windows also nicht überlisten. Es erkennt, dass hier ein hochgeheimes Admin-Passwort eingegeben wird, und verhindert das Mitlesen.

Auch für diese Herausforderung fiel uns eine Lösung ein: Ein anderer Freund programmierte eine Datei, die sich beim Anklicken wie ein Fenster öffnet, das genauso aussieht wie das Passwort-Eingabefenster von Windows. Nur mit dem Unterschied, dass dieses Fake-Fenster keine Funktion besitzt und nur nach 30 Sekunden anzeigt: „Installation erfolgreich", obwohl gar nichts installiert wurde. Mit diesem Fake-Programm konnten wir aber schlecht zu einem Lehrer gehen, da es etwas zu offensichtlich gewesen wäre, dass das Programm nicht die eigentliche Funktion erfüllt.

Dreist und kurzentschlossen starteten wir den Keylogger ganz einfach auf dem Lehrer-Account eines anderen PCs im Lehrerzimmer. Jetzt riefen wir selbst bei der Netzwerkfirma an, entschuldigten uns höflich dafür, dass es schon wieder sein müsse, und gaben der Firma die ID dieses PCs durch. Der Mitarbeiter war etwas verwundert, da er die Aktion aber nun schon öfter gemacht hatte, startete er ohne zu zögern das scheinbare Programm, gab die Kennwörter ein und fragte noch freundlich nach, ob die Installationsdatei danach wieder gelöscht werden sollte, da wir ja seiner Meinung nach nicht die Rechte dafür hatten. Da auch ich mir nicht ganz sicher war, ob es funktioniert hatte, freute ich mich, dass er mir beim Beseitigen meiner Spuren behilflich war, bejahte und verabschiedete mich.

Nun kam der spannendste Moment, das Auslesen der mitgeschriebenen Eingaben des Keyloggers. Und siehe da: Beide Passwörter waren aufgezeichnet worden!

Nachdem wir den Erfolg gefeiert hatten, testeten wir das Ganze, und unsere Zufriedenheit steigerte sich umso mehr, als wir uns ohne Probleme auf dem Admin-Account anmelden konnten. Zwar ließ sich hier nichts besonders Interessantes finden, aber allein die Tatsache, dass wir die Herausforderung gemeistert und nun fünf weitere PCs zur Verfügung hatten, rechtfertigte alle Mühen.

Bevor wir uns nun mit dem zweiten Passwort an den Server machten, fiel uns ein, dass wir ja noch gar nicht das Passwort für die Website der Schule hatten. Bei der routinemäßigen Überprüfung der Internetverläufe der Smartboards war uns bereits aufgefallen, welcher Lehrer hier über einen Zugang verfügte. Zufälligerweise war es wieder der uns schon bekannte Sicherheitsbeauftragte. Da wir ohnehin immer sehr auf gute Zusammenarbeit mit ihm bedacht waren, luden wir ihn zu uns an den PC ein, um in gemeinschaftlicher Arbeit einen Button auf der Website zu erstellen, unter dem der Online-Vertretungsplan einzusehen war. Der Keylogger lief, unser wertvoller Passwortlieferant loggte sich in sein Panel ein, stellte dann aber fest, dass er nicht wirklich Bescheid wusste – na ja, das war ja auch nicht der eigentliche Sinn seines Besuchs.

Trotzdem bekam er von uns die Zugangsdaten für den Vertretungsplan, mit denen er diesen von zu Hause aus ändern konnte. Ganz begeistert stellte er fest: „Ich liebe dieses Gefühl, wenn ich die Macht habe, von zu Hause aus solche wichtigen Eingaben zu ändern!"

Tja, dieses Gefühl war uns wohlbekannt, aber natürlich äußerten wir unser Verständnis dafür nicht ganz so offensichtlich.

Das Auslesen des Keyloggers brachte uns nun auch den Zugang zur Website, und so langsam hatten wir fast alle Passwörter, die man eigentlich geheimzuhalten versuchte.

Irgendwann hatten wir uns so an unsere illegalen Aktivitäten gewöhnt, dass wir immer unvorsichtiger wurden. Wir nutzten unsere Pausen, um uns im Schulhaus ein eigenes WLAN-Netzwerk aufzubauen. Im existierenden WLAN waren uns zu viele

Seiten gesperrt, die nur vom Verwaltungsnetz zugänglich waren. Und so kam es irgendwann, wie es kommen musste.

Als wir an einem Morgen das Schulhaus betraten, stand draußen das Auto der Netzwerkfirma. Das bedeutete für uns schon die höchste Alarmstufe. Und tatsächlich saß ein Mitarbeiter der Firma vor dem PC im Lehrerzimmer, auf dem wir alle Daten gespeichert hatten. Wir schauten durch die längliche Scheibe in der Tür. Würde er nur ein bisschen genauer hinschauen, würde er hier viele kritische Sachen finden – denn auch dieser PC sendete unser eigenes WLAN-Netzwerk.

Da stand er plötzlich auf und ging rüber in die Küche. Das war unser Moment. Per Fernwartungssoftware verbanden wir uns mit dem PC. Jetzt musste es schnell gehen. Es gab nur eine sinnvolle Rettungsmöglichkeit, und die hieß: alles unwiederbringlich löschen. Innerhalb von Sekunden war die komplette Festplatte formatiert.

Der Netzwerkspezialist kam zurück und setzte sich wieder an seinen Platz. Der Bildschirm war schwarz, der Computer tot. Er begriff sofort, riss alle Kabel heraus und packte den PC ein.

In den nächsten Tagen wurde uns bewusst, was wir eigentlich alles gemacht hatten, und wir bekamen Angst, wieder zu fliegen. Was würden unsere Eltern dazu sagen? Warum schafften wir es nicht, einmal den Erwartungen der Lehrer gerecht zu werden?

Es dauerte nicht lange, und wir saßen zusammen mit unseren Eltern, dem Direktor und der Netzwerkfirma in einem Konferenzraum im Keller der Schule. Diese Art Gespräch kannten wir ja schon.

Nachdem uns eine ganze Liste von Vergehen vorgelesen wurde, teilte man uns mit, dass wir die entstandenen Kosten der Netzwerkfirma tragen müssten. Das war eine ganze Menge.

Aber immerhin war nicht alles aufgeflogen. Eigentlich waren wir noch mit einem blauen Auge davongekommen.

Und so beschlossen wir, erstmal auf illegale Aktivitäten in der Schule zu verzichten und uns nur noch auf harmlose Streiche zu verlegen. Ständig mit der Angst zu leben, dass etwas auffliegen könnte, war am Ende definitiv nicht das, was wir wollten, und wahrscheinlich ist so etwas auch nicht die beste Medizin gegen Langeweile.

Ich würde euch auf jeden Fall raten, so etwas nicht nachzumachen, es lohnt sich einfach nicht.

Das bedeutete aber nicht, dass wir nun gar keine interessanten Ideen mehr hatten.

Eines Morgens kamen wir in die Schule und machten eine interessante Entdeckung: Im Eingangsbereich standen nagelneue Schließfachwände. Die Schließfächer waren mit modernen Code-Schlössern gesichert. Das war für uns natürlich eine echte Provokation! Es konnte doch nicht etwa einen Bereich geben, zu dem wir keinen Zugang hatten!

Doch auch dieses Problem löste sich relativ schnell. Zufälligerweise stießen wir im Raum des Hausmeisters auf eine Liste mit allen Codes. Das konnten wir uns nicht entgehen lassen. Ich machte meinem Kumpel unbemerkt deutlich, dass er den Hausmeister ablenken solle. Tatsächlich gelang es mir, heimlich ein Foto von der Liste zu machen.

Das Erfolgserlebnis war umso größer, als unser Deutschlehrer (der auch unser Direktor war) uns in den nächsten Tagen mitteilte, dass wir die Deutschbücher nicht in der Schule lassen durften. Dabei waren die wirklich schwer und wir brauchten sie echt nur in der Schule. Das wollte er aber nicht einsehen; für den Platz in seinen neuen Schränken schien es sinnvollere Verwendung zu geben.

Uns konnte das nur wenig verärgern, wir gingen direkt in der Pause zu den neuen Schließfächern, suchten uns ein Fach aus und suchten auf dem Bild nach dem entsprechenden Code. Schnell steckten wir unsere Bücher hinein. Noch mehr als über unsere leichten Rucksäcke freuten wir uns darüber, dass wir unseren Direktor hatten überlisten können.

Als wir am nächsten Morgen durch die Tür des Schulgebäudes traten, konnten wir einfach nicht fassen, was wir sahen: Die kompletten Schließfachwände waren verschwunden. Es war einfach nichts mehr von ihnen zu sehen.

Ich war echt verzweifelt. Mit allem hätte ich gerechnet, aber nicht damit. Verwirrt setzte ich mich in den Unterricht. Doch schon nach kurzer Zeit fing ich an, auch dieses Problem als eine weitere spannende Herausforderung im eintönigen Schulalltag zu sehen.

Stets lösungsorientiert suchte ich zunächst auf dem Bild der Liste nach der Herstellerfirma. Der Name war gerade so auszumachen, und so schlich ich mich bei der nächsten Möglichkeit ins Lehrerzimmer und rief von dort aus bei der Firma an. Natürlich gab ich mich als Lehrer der Schule aus und sagte, ein paar Schüler hätten vergessen, ihre Bücher aus den Schränken zu nehmen, bevor sie abgeholt wurden.

Die Frau am anderen Ende der Leitung war verwirrt. „Aber die Fächer waren doch noch gar nicht zum Gebrauch freigegeben", meinte sie.

Offenbar waren die Dinger nur zum Testen in der Schule gewesen und jetzt auf dem Weg zum Schrottplatz. Meine Verzweiflung stieg, und ich sah mal wieder ein, dass Lügen kurze Beine haben. Und so sagte ich ihr die Wahrheit. Na ja, eher eine Halbwahrheit: Ich sei ein Schüler, habe ein Schließfach geöffnet und dort meine Bücher hineingelegt. Ihren Einwand, dass man diese Schlösser nicht knacken könnte, ließ ich mal so stehen und fragte nach der Adresse des Schrottplatzes.

Ein paar Anrufe später hatte ich tatsächlich den Standort der Fächer gefunden und jemanden überredet, mir die Bücher zuzuschicken. Ich konnte selbst kaum glauben, was für ein Glück wir gehabt hatten.

Irgendwann in dieser Zeit hatten wir ein vielversprechendes Gerücht mitbekommen. Und zwar sollte sich unter unserer Schule angeblich ein alter Bunker aus dem Zweiten Weltkrieg befinden, inklusive mehrerer Geheimgänge! Über ein paar Kumpels bekamen wir mit, wo der Eingang dazu sein sollte. In einem Heizungsraum würde ein Schacht mit Rohren unter die Erde führen.

Und tatsächlich! Hinter der Tür befand sich eine nicht ganz einen Meter hohe Röhre. Wir schlichen leise hinein. Es war schwierig, so geduckt voran zu kommen, aber schließlich erreichten wir einen größeren Raum. Von hier aus führten weitere Röhren in verschiedene Richtungen. Dieser Raum musste ein Teil des alten Bunkers sein. Hier waren alle möglichen Rohre und Kabel untergebracht worden. Mein Herz klopfte. Es gab einige Lampen, jederzeit hätte jemand hereinkommen können. Wo führten die anderen Gänge hin? Wir erkundeten weiter. Die unterschiedlichen Gebäude waren miteinander verbunden, einige Gänge führten nur zu einer Art Gullideckel. Aber da gab es etwas, das unsere Aufmerksamkeit weckte. An einer Seite war so etwas wie eine zugemauerte Tür zu sehen. Wir hatten gehört, dass ein kilometerlanger Gang mit dem Bunker verbunden sein sollte. Den hatten wir bisher noch nicht gefunden. Ob er hinter dieser Tür lag?

Für diesen Tag verließen wir erstmal unbemerkt unseren neuen Abenteuerspielplatz. Aber diese Tür ließ uns einfach keine Ruhe. Wir mussten herausfinden, was dahinter lag! Also wurden kurzerhand am nächsten Tag Hammer und Meißel in den Schulrucksack gesteckt. Und bei der nächsten Gelegenheit verschwanden wir wieder durch den geheimnisvollen Gang.

Als ich den Hammer an der zugemauerten Tür ansetzte, konnte ich das Adrenalin spüren. Wenn uns hier jemand erwischte, würde es richtig Ärger geben, das war klar. Die Schläge hallten so laut durch die Gänge, dass man sie sicher im Schulgebäude hören konnte. Wir kamen nur ganz langsam voran. Die Pause war bald zu Ende, aber die Mauer noch lange nicht durchbrochen. Nach ein paar weiteren Tagen Arbeit war klar: Es musste besseres Werkzeug her!

So saßen wir eines Morgens mit der riesigen Schlagbohrmaschine unseres Vaters in der Straßenbahn. Es war der Tag der offenen Tür, da würde der Krach nicht so auffallen. Die Bohrmaschine konnten wir unbemerkt in den Raum schaffen, doch dann hatten wir noch eine weitere Herausforderung zu meistern: Uns fehlten einige Meter Verlängerungskabel. Ganz selbstverständlich gingen wir auf den Hausmeister zu und fragten nach einem Kabel, das wir ganz dringend bräuchten. Ohne Nachfragen gab er uns das Kabel und wir legten es bis zu unserer verdächtigen Wand.

Die Bohrmaschine machte einen unglaublichen Lärm. Würde doch jemand misstrauisch werden und tatsächlich den Ursprungsort der Vibrationen im Fundament der Schule feststellen können, hätten wir wohl kaum mitbekommen, wenn jemand den Bunker betrat. Aber auch dafür war schnell eine Sicherheitsvorkehrung gefunden: Wir schlossen die Bohrmaschine an denselben Stromkreis an wie die Beleuchtung. Dann drehten wir alle Neonröhren im Gang aus der Fassung und stellten den Lichtschalter auf „An". Würde jetzt jemand den Gang betreten und den Lichtschalter betätigen, würde er damit unsere Bohrmaschine ausschalten.

Aber dazu kam es zum Glück nicht. Nach einer gefühlten Unendlichkeit rutschte der Bohrer durch die Wand. Voller Erwartung zogen wir ihn heraus, doch zu unserer großen Enttäuschung rieselte Sand mit dem letzten Zentimeter des Bohrers aus dem Loch. Der Gang war also scheinbar verschüttet worden. Auch wenn unsere Erwartungen nicht erfüllt wurden, für den Adrenalin-Kick hatte sich die Sache auf jeden Fall gelohnt.

Die Gullideckel wurden später zugeschweißt und auch alle anderen Zugänge verschlossen; anscheinend waren unsere Aktivitäten doch nicht ganz unbemerkt geblieben. Allerdings war das viel später, als wir gar kein Interesse mehr an dem Bunker hatten, schließlich war bereits jede einzelne Ecke erforscht. So störte es uns nicht weiter, dass es nun unmöglich war, diese alten Gemäuer zu betreten.

An eine Aktion erinnere ich mich noch ganz besonders gut. Es war der 31. März. Mitten im Unterricht fiel uns auf, dass wir ja noch gar keinen Aprilscherz geplant hatten. Das ging natürlich nicht, da mussten wir uns spontan noch etwas einfallen lassen.

Die passende Idee war relativ schnell gefunden. Auf der Website der Schule gab es eine Liste mit allen Mailadressen der Lehrer. Ich formulierte eine Mail. In dieser erklärte „der Schulleiter", dass es einen Wasserrohrbruch gegeben habe. Aufgrund der entstandenen Schäden würde der Unterricht bis zur dritten Stunde ausfallen. Wir baten darum, die Schüler zu informieren, alles Weitere würde am nächsten Tag folgen. Jetzt musste noch eine Möglichkeit gefunden werden, die Mail unauffällig so abzuschicken, dass es so aussah, als würde sie tatsächlich vom Schulleiter kommen. Wir erstellten einen Mailaccount und suchten eine Adresse, die sich kaum von der echten unterschied. Normalerweise würde sowieso nur der Name angezeigt werden, dieser stimmte natürlich.

Als wir den Text fertig hatten, war es schon kurz vor Mitternacht. Wir hatten alle Mailadressen in das Empfängerfeld kopiert. Jetzt saßen wir in unserem Zimmer und überlegten, ob wir tatsächlich auf Abschicken klicken sollten. Aber was würde schon passieren können? Wir schickten sie ab.

Erstmal passierte nichts.

Dann klopfte plötzlich unsere Schwester an die Zimmertür und verkündete freudestrahlend: „Der Unterricht fällt morgen früh aus!"

Wir taten überrascht. Sie zeigte uns einen Screenshot der Mail, den jemand in die Klassengruppe gepostet hatte. Wenige Minuten später kam er auch in unserer Gruppe an.

Da unsere Fake-Adresse ja mit im Verteiler war, bekamen wir auch alle Antworten der Lehrer. „Gilt das auch für die Grundschule?", wollte jemand wissen.

Erst gegen vier Uhr nachts kam dann die Nachricht der Schulleitung, dass die Mail nicht echt war. Da der Schulleiter nicht mehr erreichbar gewesen war, hatte es lange gedauert, bis jemand Auskunft geben konnte. Diese Nachricht sickerte allerdings nicht so schnell bis zu den Schülern durch.

Neugierig machte ich mich natürlich zur ersten Stunde auf den Weg in die Schule. Der Weg durch den Wald war so leer wie sonst nie. Als zur dritten Stunde dann endlich die meisten Schuler eintrafen, wusste immer noch keiner, woher die Mail gekommen war. Ich sagte kein Wort dazu, auch wenn das schon echt schwerfiel.

So weit Johannes' Erinnerungen an diese echt lustige Zeit. Wir hatten endlich richtig gute Freunde aus einem Jahrgang über uns gefunden, die wir an einem anderen Bunker im Wald getroffen hatten. Zusammen waren wir ab da das „BUNGÄR Team". Diesen Bunker hatten wir zusammen aufbekommen. Wieder mal kamen uns unsere Lockpicking-Erfahrungen zugute, die wir uns aufgrund unserer „Jede geschlossene Tür ist eine Herausforderung"-Einstellung angeeignet hatten. Die anderen halfen mit der nötigen Gewalt nach.

Fast jede Pause waren wir zusammen unterwegs, sind in der alten Kiesgrube unterhalb von unserer Schule von den Klippen gesprungen oder in eine alte Kaserne geklettert und wurden vom

Securitydienst verfolgt. Wir waren plötzlich eine ganze Gruppe von ähnlich tickenden Leuten. Wir wollten uns einfach nicht einschränken lassen und haben so gut wie jede mögliche Regel gebrochen. Die Freiheit war uns sehr wichtig.

Ganz selten habe ich noch in der Bibel gelesen, aber immer alleine. Ich konnte oder wollte über meine Erfahrungen mit niemandem reden. Mit unseren Eltern gab es oft Streit. Vor allem wegen des schon erwähnten Ruhetags gab es ewige Diskussionen, bis wir uns dazu entschieden haben, an diesem Tag lieber nicht mehr zu Hause zu sein.

Ab und zu habe ich sogar mal Gottesdienste besucht, in ganz strengen Gemeinden oder auch sehr modernen, die von anderen als „Discokirchen" bezeichnet wurden. Manchmal war auch Johannes dabei, der aber nicht meine Erfahrungen gemacht hatte und diese Dinge daher noch viel kritischer betrachtete als ich und noch mehr Bedenken hatte, sich hier auch wieder an tausend neue Regeln halten zu müssen. Das Gefühl, Gott zu begegnen, hatten wir jedenfalls in keiner dieser Kirchen. So sind wir lieber mit unseren Freunden am Wochenende durch die Clubs gezogen.

Dass es irgendeine höhere Macht geben muss, da war ich mir sicher, auch wegen den Erfahrungen, die ich in meiner Krankheitszeit gemacht hatte. Aber jetzt hatte sich das irgendwie wieder verändert, und Fragen und Zweifel gewannen die Oberhand. Mit der Art von Religiosität, die meine Eltern lebten, konnte ich nichts anfangen, und der Gott, an den sie glaubten, kam mir nicht „richtig" vor. Ich stellte mir viele Fragen: *Warum gibt es eigentlich so viele verschiedene Glaubensrichtungen und Religionen? Ist Gott unfähig, seinen Willen allen klar und deutlich zu zeigen? Ist diese „höhere Macht", die ich gespürt habe, wirklich der Gott, von dem*

in der Bibel berichtet wird? Warum erkennt man die Christen nicht an der Liebe untereinander, so wie es in der Bibel steht? Und warum bekomme ich so oft keine Antwort, wenn ich bete? Oder es passiert genau das Gegenteil von dem, worum ich gebetet habe.

Es waren doch keine großartigen Sachen, für die ich gebetet hatte. Einfach nur, dass wir mal einen schönen Ruhetag haben, ohne Streit. Und dann kam wieder genau das Gegenteil.

Ich glaube, Nele war die Einzige, mit der ich ab und zu darüber geredet habe. Sie hatte einen ähnlichen Hintergrund wie ich, kam aus einem ähnlichen Elternhaus und hat trotzdem noch irgendwie an Gott geglaubt. Doch für mich sah es nicht so aus, als würde sich Gott wirklich für sie interessieren und ihr bei ihren Problemen helfen. Zumindest habe ich das, was ich sehen konnte, so gedeutet. Ich konnte Gott nicht sehen und ihr ging es anscheinend auch so. Anstatt in die Kirche zu gehen, war sie lieber ständig feiern, Alkohol schien ihr doch besser zu helfen als irgendeine Religion.

Vielleicht schaue ich zu viel auf andere Menschen. Auf das, was man auf den ersten Blick sieht, statt auf mich selbst und meine eigenen Baustellen, würde ich jetzt sagen. Aber ich hab eben ein Vorbild gesucht. Nicht jemanden, der perfekt war, einfach jemanden, der so mit Gott lebt, dass man ihn in seinem Leben spürt. Der trotzdem normal ist. Nicht komplett abgedreht, ohne Spaß und Freude im Leben, nicht so verkrampft wie die Christen, die ich bisher kannte. Aber so was schien es eben nicht zu geben. Für mich waren alle Christen unglückliche Menschen, die an etwas glauben, was ich nicht sehen konnte. Was einfach nicht da war. Die zu Gott reden, aber er nicht zu ihnen. Der auf Gebete immer anders antwortet, als man denkt. Oder erst in ein paar Jahren. Oder eben gar nicht.

Was meine eigenen Erlebnisse anging, war ich mir inzwischen sicher, dass man, wenn man lange genug in der Bibel liest, natürlich auch irgendwann mal auf eine Stelle stößt, die genau auf die

Situation passt, in der man gerade steckt. Aber das war doch kein Wunder, sondern eher eine Art berechenbarer Zufall.

Und irgendwie wäre es mir auch lieber gewesen, wenn meine Erlebnisse doch keine Begegnung mit Gott gewesen wären. So lange es mir nämlich gut ging, war das Leben doch ohne Gott viel einfacher. Ich brauchte dieses Gegenüber nicht, ich brauchte keine Hilfe.

Ich ging auch nicht mehr in die Kirche. In den meisten Gemeinden suchen die Leute doch nur Möglichkeiten, den Glauben zu missbrauchen. Manche unterdrücken ihre Frauen ganz gerne, andere hören sich selbst gerne reden oder stehen drauf, andere Leute zu kontrollieren, und die Nächsten ziehen den Leuten das Geld aus der Tasche.

Nein, das mit der Religion war definitiv nichts für mich. Mein Leben hatte ohne das alles besser funktioniert und ich wollte nichts mehr damit zu tun haben.

VON UNSINNIGEN REGELN UND SINNLOSEN VERBOTEN

Leben auf eigene Gefahr

Ich hab ja schon erwähnt, dass unser Leben immer extrem war –
oder ist. Entweder richtig krass gut oder eben brutal schwierig.
Jetzt begann auf jeden Fall wieder eine extrem gute Phase.

Schon seit einiger Zeit waren wir nicht mehr so aktiv in Sachen
Naturfilm gewesen. Irgendwie war es zwar schon reizvoll gewesen, stundenlang mit Tarnanzug im Gebüsch zu sitzen und auf den
perfekten Moment zu warten, um das perfekte Bild zu machen.
Ganz besonders durch die Anerkennung, die wir im Internet dadurch bekamen. Trotzdem war es doch etwas deprimierend, weil
wir uns einfach nicht mehr steigern konnten. Nach einiger Zeit
hatten wir das perfekte Bild vom Eisvogel mit Fisch im Schnabel
gemacht, und irgendwann hatten wir jeden Vogel gefilmt, den es
hier gab. Jetzt hatten wir auch nicht mehr so viel Zeit, die nötig gewesen wäre, um noch bessere Bilder zu machen. Und das wurde
auf Dauer auch etwas langweilig.

Wir waren trotzdem noch viel draußen und suchten uns immer
neue Abenteuer, meist gemeinsam mit unserem besten Freund
Eric. Zum Beispiel haben wir im Wald mit Warnwesten ganz offiziell einen ganzen Holzstapel geklaut, auf den Hänger von Erics
Eltern geladen und an den Rhein gefahren. Aus dem Holz haben
wir ein richtig schönes Floß gebaut und sind damit gemeinsam mit
unserer Schwester Elli und einigen anderen Freunden den Rhein

runter getrieben. Wir wurden von der Polizei angehalten und konnten sie überzeugen, dass das alles ganz legal war. Die Polizisten waren sichtlich erleichtert, dass wir keine Minderjährigen mehr waren und auch nicht unkontrolliert auf einem brennenden Stück Holz den Rhein heruntertrieben, wie es ihnen gemeldet worden war. Wir waren tatsächlich mit einer Fähre zusammengestoßen, wahrscheinlich hatte der Kapitän die Polizei alarmiert. Und ja, wir hatten auch ein Lagerfeuer an Bord, allerdings auf einer Metallplatte – und schließlich nennt man die Beleuchtung von Schiffen doch Befeuerung!

Als wir am nächsten Tag in der Schule von diesen Abenteuern erzählten, konnten sich nur wenige unserer Mitschüler dafür begeistern. Sie konnten sich offensichtlich gar nicht vorstellen, wie viel Spaß so eine Aktion im Real Life machte. Sie hingen lieber den ganzen Tag an ihren Handys und zockten zu Hause irgendwelche PC-Spiele. Das fanden wir total schade, denn das wahre Leben findet nun mal draußen statt, und da es einmalig ist, sollte man es doch auch möglichst auskosten, oder? Und wenn man tolle Erlebnisse noch mit Freunden teilt, dann verdoppelt sich der Spaß.

Also schnitten wir ein Video von der Floßfahrt und luden es im Februar 2016 auf YouTube[2] hoch. Unser Ziel war es, unsere Freunde und Klassenkameraden dazu zu motivieren, mit nach draußen zu kommen und bei unseren Aktionen mitzumachen, anstatt nur vor dem PC zu sitzen. Das hat super funktioniert.

Eines Tages waren wir wie so oft in der Mittagspause mit unseren Kumpels im Wald neben der Schule. Wir kamen plötzlich an einen steilen Abhang. Vor uns lag in etwa 10 Meter Tiefe ein idyllischer kleiner See. Es schien eine verlassene Kiesgrube zu sein. Während wir das Gewässer umrundeten, kam uns eine Idee: Dieser See war doch ideal dazu geeignet, eine Seilbahn darüber zu spannen. Man könnte in der Mitte abspringen und im Wasser landen.

Das würde Spaß machen! Unsere Freunde stimmten uns zu. Und so saßen wir wenig später in der Mensa und schauten uns auf Ebay-Kleinanzeigen nach einem alten Stahlseil um. So langsam wurde uns bewusst, dass dieses Projekt nicht ganz so einfach sein würde, wie es auf den ersten Blick schien. So ein Stahlseil wiegt locker 300 Kilo. Wie sollte man das transportieren? Und teuer war es auch! Das Teil dann noch zu spannen war doch so gut wie unmöglich.

Aber wir ließen uns von all den Bedenken nicht aufhalten. Unsere Freunde hatten zwar angesichts der Schwierigkeiten zum größten Teil ihre Begeisterung verloren, aber für uns war dies eine willkommene Abwechslung in der schulischen Langeweile.

Für die erste Schwierigkeit, ein Seil zu besorgen, konnten wir tatsächlich eine Lösung finden. Wir erinnerten uns, an einer anderen verlassenen Kiesgrube mal ein Stahlseil am Strand gefunden zu haben. Es ragte ein paar Meter aus dem Wasser, aber wer wusste, wie viele Meter versteckt im See lagen?

Auf Google Earth ließen sich ältere Satellitenaufnahmen des Sees finden. Darauf war der Kran zu sehen, der hier einmal mitten im Wasser gestanden hatte. Und sogar das Stahlseil war zu erkennen! Es diente mit drei anderen Seilen zur Abspannung. Ob es tatsächlich noch die ursprüngliche Länge hatte?

Mit dem Entfernungstool von Google Earth maßen wir die Länge des Seils. Es war über 120 Meter lang! Der Abgleich mit der Breite der Kiesgrube brachte ein zufriedenstellendes Ergebnis: Die Kiesgrube war nur etwa 100 Meter breit. Also, was heißt „nur". Uns war bewusst, was für ein Akt es werden würde, ein Seil auf dieser Länge straff zu bekommen.

Aber ein Problem nach dem anderen. Jetzt musste erstmal das Stahlseil aus dem Wasser gezogen werden. Wir probierten es zu sechst, aber es bewegte sich keinen Zentimeter. Nach längerer Recherche fanden wir im Baumarkt einen Handseilspanner. Mit dem großen Hebel konnte man bis zu vier Tonnen Zentimeter um Zentimeter bewegen.

Das dauerte seine Zeit. An mehreren Tagen kamen wir zurück an den See und zogen in stundenlanger Arbeit Meter um Meter das Seil heraus. Gerade, als wir schon fast nicht mehr daran glaubten, dass dieses Seil je enden würde, ploppte plötzlich im Wasser ein großer Blechcontainer nach oben. Das musste das Ende des Seils sein. Mit neuer Energie zogen wir die restlichen Meter heraus.

In einer langen Schlange trugen wir das Seil zu siebt zum Anhänger. Ein paar Stunden später standen wir mit unserer Beute vor der Klippe der Kiesgrube. Das würde eine echte Herausforderung werden, besonders wenn man bedachte, dass das Wasser nur rund 4 Grad haben würde.

Zuerst war der Plan, ein paar aneinandergeknotete Wäscheleinen durch den See zu ziehen. Ich hatte mir das Ende ums Bein geknotet und schwamm durch das eiskalte Wasser. Da gab es plötzlich einen Ruck. Ich war nur wenige Meter vom Ufer entfernt und es ging nicht mehr weiter. Offenbar hatten wir uns mit der Länge ziemlich verschätzt. Zum Glück hatten wir noch andere Seile dabei, und so konnte ich doch noch das Ufer erreichen, ohne komplett einzufrieren.

An der Wäscheleine zogen wir ein Plastikseil und mit diesem schließlich das Stahlseil durch den See. Der Handseilspanner tat seinen Dienst ganz gut, wenn auch nur sehr langsam.

Wir hatten Kanister an das Seil geknotet, damit es nicht im See versinken würde. Jetzt schwebten diese natürlich hoch über der Wasseroberfläche. Ein Freund schwang sich an das Seil, um sich herüberzuhangeln. Da gab es auf der anderen Seite einen kräftigen Schlag, das Seil flog uns einige Meter entgegen und klatschte ins Wasser. Es dauerte ein paar Sekunden, bis wir realisiert hatten, was passiert war: Der Baum, an dem das andere Ende befestigt gewesen war, hing der Länge nach über die Kante der Klippe. Wir hatten ihn mitsamt der Wurzel aus dem Boden gerissen. Ein Glück, dass dort niemand gestanden hatte. So dauerte es einige Stunden länger als gedacht, bis es schließlich straff gespannt von der einen Seite des Sees zur anderen führte.

In einem kleinen Schlauchboot fuhr ich hinaus auf den See. Ich schaute nach oben und konnte kaum glauben, dass die spontane Idee, die wir in der Mittagspause gehabt hatten, tatsächlich Wirklichkeit geworden war. Es war dieses Gefühl, das ich schon als Kind so geliebt hatte. Diese Zufriedenheit, wenn man selbst etwas auf die Beine gestellt hatte, wenn alle Mühen sich gelohnt hatten. Das war einfach etwas völlig anderes, als in der Schule Dinge auf Aufforderung hin zu tun, um sich danach dafür benoten zu lassen. Nein, die treibende Kraft war unsere eigene Motivation.

Als wir den anderen Klassenkameraden von unserer Seilbahn erzählten, bekamen wir misstrauische Blicke zugeworfen. Dass es Spaß machen würde, sich an dem Seil über den See zu schwingen und dann hineinzuspringen, konnte sich kaum einer vorstellen. Das mussten wir ihnen beweisen! Zum Glück hatten wir schon alles gefilmt, und so schnitten wir auch über diese Aktion ein Video zusammen.

Jetzt sahen die Gesichter unserer Mitschüler ganz anders aus. „Oha, das habt ihr nicht wirklich gemacht!", meinten sie. Und ab der nächsten Mittagspause waren wir fast täglich an unserer Seilbahn, jedes Mal wollte jemand anderes fahren!

Da haben wir gemerkt, welche Kraft in so einem Video steckt. Wie überzeugend es sein kann, was es verändern kann. Jetzt nahmen wir die Kamera überallhin mit.

Ob unsere Aktionen legal waren, war erstmal zweitrangig. Solange wir niemandem damit schadeten, war für uns alles erlaubt. Verboten war doch sowieso das meiste.

Johannes hat in dieser Zeit einen Spoken-Word-Text verfasst, der ganz gut zusammenfasst, wie wir ticken:

Auf eigene Gefahr
Warum wir uns nicht an die Regeln halten

Ich steh hier am See, doch das idyllische Bild
wird gestört von einem ziemlich aufdringlichen Schild
doch dabei soll's nicht bleiben
Hier steht ein ganzer Schilderwald
es sind neue und alte
die mir vorschreiben
wie ich mich hier verhalte
Ich darf hier nicht schwimmen, nicht Bootfahren und Tauchen erst recht
und Grillen und Lagern wär hier ebenfalls schlecht
ich darf nicht angeln, nicht radfahren, nichts füttern und nicht zelten,
doch dabei frag ich mich, für wen die Regeln gelten
denn darüber steht doch „Erholungsgebiet"?

Und eben hätte ich fast übersehen
im Winter darf keiner auf die Eisfläche gehen
ach, und der Steg dort vorne ist ebenfalls tabu
ganz ehrlich, ich lern gerade wirklich dazu
und wenn wir uns jetzt schon genau damit befassen
dann darf ich noch nicht mal den Weg hier verlassen
Ja, wär das nur hier so, wär das alles halb so wild

Doch es bietet sich mir ein ganz ähnliches Bild
egal, wo ich bin, in jedem Bereich
in der Stadt ganz genauso wie an diesem schönen Teich
Das Ausmaß der Regeln, es sprengt meine Liste
Man sperrt uns ein in eine Rattenkiste
Man tauscht unsere Freiheit für Sicherheit ein
und meint, so würden wir glücklicher sein

Stimmt, wir sind in Deutschland, und hier gibt's halt Gesetze
Deswegen tu ich lieber gar nichts, bevor ich eins verletze
Aber dann frag ich mich, warum das da steht
und was man dabei kaputt macht, wenn man ins Wasser geht
Na klar gibt es manche, die es übertreiben
ihre Grenzen nicht kennen, nicht im Rahmen bleiben
Woher soll man auch wissen, wann das Eis bricht
denn das ganze Leben darf man es nicht
betreten
Und vielleicht könnte einer den Schock nicht verkraften
und dann muss am Ende jemand anders dafür haften
doch der ist dazu ganz sicher nicht gewillt
und deshalb steht hier dieses dämliche Schild
Dazu muss ich sagen, ich bade hier immer
ich weiß nicht, wie oft ich hier Eislaufen war
und ich hatte bisher nicht den blassesten Schimmer
von der lauernden Lebensgefahr

Oder doch, bin ich ganz ehrlich:
Vieles ist gefährlich
wenn ich nicht weiß, was ich tu
Doch ich trau mir das zu
und nein, das ist nicht arrogant
denn ich glaub, das gilt für jeden

der bereit ist, für sich selber zu denken
anstatt über die Fehler von anderen zu reden
Wer nichts macht, macht auch nichts falsch
und davor will man uns bewahren
Deshalb schützen uns die Regeln vor den tausend Gefahren
Mir scheint, wir sind Idioten
gesteuert von Verboten
die nicht mehr selber denken
weil andere sie lenken
und Gesetze sie beschränken
Gefahr ist hier gewerbescheinpflichtig

Doch das Leben ist riskant
und ich glaub, das ist so richtig
Denn das macht es interessant
und aus Fehlern kann man lernen
kann den Horizont erweitern
denn Scheitern
ist vielleicht nicht immer nötig
aber meistens auch nicht tödlich
Und ja, ich bin mir sicher,
dass man keinem schadet
Und auch nichts zerstört,
wenn man am Steinbruch badet
Auch wenn er uns nicht gehört

Denn sonst bleibt es dabei, dass wir davon lesen
Was die Menschen früher machten,
als sie noch selber dachten
und als sie noch frei gewesen
und dass wir Filme schauen von irgendwelchen anderen
die das tun, was wir wollen

nur dass wir uns das nicht trauen
oder viel eher: es nicht sollen

Wir alle leben auf eigene Gefahr
Das braucht ihr dort nicht hinzuschreiben
Das ist doch völlig klar
Deshalb werd ich vernünftig bleiben
Und verantwortungsvoll handeln
Auch ohne dass Schilder
unsere Landschaft verschandeln.[3]

„Wer die Freiheit aufgibt, um Sicherheit zu gewinnen,
der wird am Ende beides verlieren."
~ Benjamin Franklin

Eine Amphibien-Badewanne war das nächste Projekt, eine Art
Offroad-Seifenkiste, die wir aus einer alten Badewanne bauten. Die Wanne hatten wir noch rumstehen und sie hat sich einfach gut als Grundlage für die Seifenkiste geeignet – sie war sta-
bil, hatte eine gute Größe und Form, um darin zu sitzen. Und
das war der Beginn unserer wunderbaren Beziehung zu Badewannen.

Auch über die Amphibien-Badewanne haben wir wieder ein
Video auf YouTube hochgeladen. Unseren Kanal nannten wir „The
Real Life Guys", da es uns ja darum ging, andere Leute davon zu
begeistern, rauszugehen ins wahre Leben und gemeinsam coole
Aktionen zu machen. Das Kanal-Profilbild mit dem Slogan „Do
something" war eigentlich mal das Gruppenfoto einer WhatsApp-
Gruppe gewesen. Unser Plan war es nie gewesen, damit erfolgreich zu werden oder Geld zu verdienen. Wir wollten einfach nur
unsere Freunde motivieren mitzumachen, und da die Videos gut

vermitteln konnten, wie viel Spaß diese Aktionen machten, ging der Plan auch auf und viele waren plötzlich ganz begeistert davon.

Für das Jahr nach dem Abi haben wir uns vorgenommen, einfach alles zu machen, was wir schon immer vorhatten. Unsere ganzen Kindheitsträume wollten wir uns erfüllen und endlich keine Zeit mehr sinnlos irgendwo verschwenden, wie wir es so lange in der Schule tun mussten. Bisher mussten wir unsere Aktionen nebenbei in unserer geringen Freizeit nach der Schule bauen. Und da waren wir jetzt also endlich raus! Was wäre alles möglich, wenn man sich ein Jahr lang ganz den eigenen Projekten widmen würde?

Ich musste zwar regelmäßig zu den üblichen Nachuntersuchungen, die nach einer Krebserkrankung angesagt sind, aber da war immer alles in bester Ordnung.

Als nächstes Projekt bauten wir ein Fahrrad, mit dem man übers Wasser fahren kann, und wir haben wieder ein Video darüber gemacht. Das technische Know-how, wie man solche Sachen baut, haben wir hauptsächlich durch Ausprobieren gelernt oder mal ein paar YouTube-Tutorials angeguckt. Schweißen haben wir uns auch selbst beigebracht. Wir haben uns ein gebrauchtes Schweißgerät für 100 Euro gekauft und es dann einfach so lange ausprobiert, bis es geklappt hat.

Eines Tages stießen wir im Internet auf einen Flug nach Amerika für 120 Euro und sind ein paar Wochen später gemeinsam mit unserem Kumpel Tim ohne irgendeinen Plan ganz spontan einfach losgeflogen. Wir hatten uns vorgenommen, kein Geld für Unterkünfte und Fortbewegung auszugeben, alle möglichen Aushilfsjobs anzunehmen und günstig Essen zu bekommen.

Genau in dieser Zeit ist unser erstes Video viral gegangen. Wir saßen gerade im Flixbus zum Billigflughafen, den wir für 10 Euro gebucht hatten. Plötzlich fiel uns auf, wie viele Likes wir für unser Amphibienbadewannen-Video bekamen. Und wie positiv die Kommentare waren. Leute schrieben unter unser Video, dass sie sich tatsächlich dadurch inspiriert fühlten, selbst rauszugehen und eigene Aktionen zu starten. Inzwischen hatten wir uns zwar gewünscht, vielleicht mal einen etwas größeren Kanal zu haben, aber dass es so schnell geht und so krass, damit hätten wir nicht gerechnet. Geld haben wir damals noch nicht wirklich viel verdient – man bekommt durch die vor das Video geschaltete Werbung pro tausend Klicks zwischen 1 und 3 Euro pro Tag –, aber das, was wir so durch dieses Video bekamen, war genau so viel, wie wir auf dieser Reise zum Leben brauchten.

Am Ende haben wir es nämlich tatsächlich geschafft, für 2,50 Euro am Tag von New York nach Miami zu reisen. Wir sind in über 30 Autos getrampt, haben 12 Polizeieinsätze verursacht und so viele nette Menschen kennengelernt. Irgendwie war das eine Art zu leben, die mich erfüllt hat. Nicht zu wissen, was morgen kommt. Nicht ständig diese Routine zu haben, in der alles durchgeplant ist. Sich einfach auf den Moment zu konzentrieren und alle anderen Probleme zu vergessen.

Sechs Wochen sind wir durch Amerika gereist. Sie kamen mir vor wie sechs Monate. So viel haben wir erlebt! Die ganze Ostküste Amerikas haben wir kennengelernt und sind fast in einen Tornado geraten. Zum Glück haben uns nette Couchsurfer aufgenommen, bei denen wir uns vor dem Sturm verbarrikadieren konnten.

Das war so eine aufregende Zeit gewesen, nicht zu vergleichen mit dem langweiligen Schulalltag. Das Beste waren wie immer nicht nur die wunderschönen Landschaften oder neuen Abenteuer, sondern vor allem die Menschen, die wir trafen und bei denen wir einen kleinen Einblick in ihr Leben erhielten. Am interessantesten sind eben immer noch Menschen, die man kennenlernt, wenn man nicht als typischer Tourist unterwegs ist.

Und doch merkten wir nach dieser Zeit, dass ständiges Reisen uns auf Dauer auch nicht erfüllte. Es war eine gute Möglichkeit, den Kopf frei zu bekommen, neue kreative Ideen zu sammeln und abzuschalten. Trotzdem fehlte uns dabei die Möglichkeit, diese verrückten Ideen in die Realität umzusetzen. Unterwegs hatten wir natürlich keine Werkstatt, keine Möglichkeit, kreativ zu werden. Außerdem waren die Begegnungen alle nur von kurzer Dauer, wir wussten, dass wir uns wahrscheinlich niemals wiedersehen würden. Das war etwas ganz anderes als die langjährigen, tiefen Freundschaften, die uns so wichtig waren. So waren wir irgendwie auch froh, nach den sechs Wochen wieder zu Hause zu sein.

Vom Erfolg des letzten Videos und den ganzen positiven Rückmeldungen motiviert fingen wir an, öfter und regelmäßiger Videos zu machen und die Sachen auch größer aufzuziehen. Die meisten Aktionen waren natürlich illegal. Weil in Deutschland einfach alles verboten ist. Wir haben es trotzdem gemacht. Und meistens hat es selbst die Polizei gefeiert.

Unser nächstes Bauprojekt war ein U-Boot aus zwei Badewannen. Als es nach einigem Rumprobieren fertig und auch wirklich funktional war, sind wir mit dem Ding nach Estland gefahren und dort in einem verlassenen alten Gefängnis getaucht, das mittlerweile größtenteils unter Wasser stand. Das war wirklich ziemlich lebensmüde. Aber der Kick war schon cool. In neun Metern Tiefe ist der Luftschlauch gerissen, und ich hab einen kleinen Schock bekommen. Aber wir hatten für einige Eventualitäten vorgesorgt und ich kam heil wieder raus.

Ich bin schon oft gefragt worden, ob ich in diesen Situationen nicht Angst gehabt hätte. Einerseits wusste ich natürlich, wie gefährlich das Ganze war, andererseits war mir auch klar, dass das

Leben eh jederzeit vorbei sein konnte. Gerade nach dem Tumor. Vielleicht bin ich durch diese ganze Sache noch risikofreudiger geworden. Nicht, weil ich das Leben nicht geschätzt und geliebt hätte, sondern genau deshalb. Gerade in diesen riskanten Momenten, in denen das Leben in Bruchteilen von Sekunden vorbei sein konnte, fühlte ich mich so richtig lebendig.

Und so haben wir weitergemacht, das U-Boot mit Tape repariert und sind eineinhalb Stunden durch das Gefängnis getaucht. Ich glaube, das war die beste Aktion, die wir bis dahin gemacht hatten. Das Video ging noch viraler als die letzten. Und unser Kanal ist so unglaublich schnell gewachsen wie kaum ein anderer.

Unsere Schwester Elli hat sich in dieser Zeit in Tim verliebt, einen Freund aus unserem BUNGÄR-Team, mit dem wir auch in Amerika gewesen waren. Eigentlich war er unser bester Freund, immer mit dabei, er hat überall mitgemacht. Ich hab mich für Elli gefreut, auch wenn Tim jetzt nicht mehr so viel Zeit für uns hatte. Immerhin war Tim ein korrekter Mensch, im Gegensatz zu ihrem letzten Freund Marc.

Marc konnte ich überhaupt nicht leiden. Er hat Elli aus meiner Sicht immer nur runtergezogen. Inzwischen weiß ich, dass er Borderliner war, also eine psychische Erkrankung hatte, die vermutlich die Ursache für sein mieses Verhalten war. Mich hat es auf jeden Fall ziemlich fertig gemacht, Elli mit so einem Typen zu sehen, der nichts im Leben erreicht hat und sie immer wieder schlecht behandelt und belogen hat. Sie hat das natürlich nicht bemerkt. Liebe macht ja bekanntlich blind. Leider. Auf jeden Fall war ich froh, dass sie jetzt Tim hatte.

Elli war immer noch bei den meisten unserer Aktionen dabei. Sie war fast noch draufgängerischer als wir. Immer die Erste und manchmal sogar die Einzige, die was Neues ausprobiert hat. Sie hatte immer gute Laune und war voller Energie. Wir haben wirklich Glück, so eine Schwester gehabt zu haben. Und ich glaube, sie war richtig stolz auf uns und das, was wir bis dahin schon erreicht hatten.

Ihr Traum war es, ihr Geld irgendwann mal als Sängerin zu verdienen. Doch zunächst hatte sie eine Ausbildung als Augenoptikerin gemacht. Zwar hat sie das überhaupt nicht befriedigt, aber sie wollte es durchziehen. Immerhin war ihr Betrieb im selben Ort, in dem Tim gewohnt hat. Aber trotzdem hat sie kaum noch Zeit gehabt, ist immer spät nach Hause gekommen und war am Wochenende ziemlich fertig.

So wollten wir nicht leben – die ganze Woche jeden Morgen in ein Büro gehen und dort hocken, bis es wieder dunkel wurde. Das war uns klar. Wir wollten etwas anderes mit unserem Leben anfangen, etwas, das uns wirklich Spaß machte und erfüllte und am besten auch andere Leute noch mit inspirierte. Und mit YouTube hat das ja so langsam gut funktioniert!

Unsere Schwester hat sich, glaube ich, nie getraut, den Schritt zu gehen und etwas Eigenes anzufangen. Sie war ja auch, anders als Johannes und ich, allein mit ihren Vorhaben. Und dass sie mal eine bekannte Sängerin werden könnte, daran hat sie sicher selbst nicht geglaubt. Ich weiß auch nicht, ob das wirklich ihr Ziel war. Sie hätte wohl genau wie wir einfach gerne mit dem, was ihr Freude macht, ihren Lebensunterhalt verdient. Wir haben versucht, ihr dabei zu helfen, wollten ein Lied von ihr auf YouTube veröffentlichen, haben für sie Songwriter und Sänger kontaktiert, aber irgendwie ist aus all dem nie etwas geworden.

Nach einem Jahr haben wir trotz allem angefangen, Umweltingenieurswissenschaften zu studieren. Wahrscheinlich hauptsächlich deshalb, weil unsere Mutter immer öfter meinte, dass wir doch mal was Richtiges machen sollten. Und was konnte es schon schaden, sich mal die Uni anzuschauen? Das Studentenleben auszuprobieren?

Sehr ernst genommen haben wir das Ganze allerdings von vornherein nicht. Und es schien uns dann auch wirklich nur eine große Zeitverschwendung zu sein. Genau wie damals in der Schule. Man lernt so vieles, das man nie wieder brauchen wird. Natürlich wäre es etwas ganz anderes gewesen, wenn wir wirklich vorgehabt hätten, später mal einen normalen Job zu machen. Das kam für uns allerdings nie wirklich infrage, und so war uns klar, dass dieser Studiengang nicht zu dem Ziel führen würde, das wir unser Leben lang verfolgen wollten. Wir wollten frei sein. Frei, um unsere Kreativität uneingeschränkt ausleben zu können. Und dafür war YouTube doch die perfekte Plattform.

Studieren ist sicher nicht sinnlos, nicht, dass man mich hier falsch versteht, genau wie die Schule nicht sinnlos ist. Zwar konnten wir jetzt den Studiengang und viele einzelne Module auswählen, diese Option hatte es in der Schule nicht oder nur weit eingeschränkter gegeben, aber irgendwie schien auch hier nichts wirklich Passendes für uns dabei zu sein.

Gut, so richtig „studieren" kann man das aber auch nicht nennen, was wir gemacht haben. Wir waren in nur zwei von fünf Modulen angemeldet, ehrlich gesagt auch mehr wegen der studentischen Krankenversicherung. Die hat uns aber bald auch nichts mehr gebracht, weil wir mit YouTube zu viel verdient haben, also sind wir einfach nicht mehr hingegangen, bis wir schließlich zwangsexmatrikuliert wurden.

DAS LEBEN IST EINFACH PERFEKT... ODER?

Unser YouTube-Kanal hebt dank Drohne so richtig ab

So ist die Zeit vergangen, wir haben unseren Traum gelebt und sind immer erfolgreicher geworden. Mal wieder hatten wir ein virales Video produziert: Unsere Badewannendrohne brachte uns nicht nur viel Erfolg auf YouTube, sondern diesmal in allen deutschen Medien. Wir waren in jedem deutschen Fernsehsender zu sehen; sogar nach Amerika, Russland, China, Japan und auf die dritte Seite der Bildzeitung hatten wir es geschafft! Alle großen Facebook-Seiten teilten das Video, wir haben schnell den Überblick verloren, wo es überall gezeigt wurde. Immer öfter wurden wir auf der Straße erkannt, jeder kannte das Video, und spätestens, wenn wir die fliegende Badewanne erwähnten, wusste so gut wie jeder, wer wir waren.

Wir konnten jetzt eigentlich alles umsetzen, was wir wollten. Erfolg und große Followerzahlen auf YouTube ermöglichen einem so gut wie alles. Große Werkzeugfirmen oder Maschinenhersteller haben uns gefragt, ob sie uns unterstützen und dafür natürlich auch noch gut bezahlen dürfen. Mittlerweile hatten wir zwei Managerinnen, eine direkt von YouTube in England, die andere als Marketingmanagerin, die sich um unsere Kooperationen kümmerte.

Allerdings hatten wir in dieser Zeit auch viel Stress. Wir wollten niemandem absagen und hatten täglich mindestens zwei Fernsehteams da, die alle etwas Besonderes mit uns filmen wollten. Die Zeit ist knapp geworden. Wir hatten vor, nochmal nach Amerika zu reisen, und in den zwei Wochen vorher wollten wir alles Wichtige erledigt haben. Wir haben wenig geschlafen, sind viel zu spät ins Bett, und ich habe zum ersten Mal seit Jahren wieder Migräne bekommen, diese ganz starken Kopfschmerzen, da geht gar nichts mehr. Wahrscheinlich hatte unsere Mutter recht, die meinte, das sei alles viel zu viel, wir sollten uns weniger vornehmen.

Unser Ziel war es zwar nie gewesen, bekannt zu werden, aber wenn man sein Geld mit seiner Bekanntheit verdient, ist es schon extrem schwer, auch mal Nein zu sagen. Und außerdem, so sagten wir uns, wären wir ja bald in Amerika im Urlaub und könnten uns entspannen.

Das erste Mal in unserem Leben konnten wir einen Urlaub planen, ohne auf das Geld achten zu müssen. Auch wenn wir trotzdem am liebsten wieder nur getrampt wären und so einfach wie auf unserer ersten USA-Reise gelebt hätten. Allerdings war es auch der erste Urlaub, den wir wirklich als Erholung brauchten, weil der Alltag einfach viel zu stressig geworden war und wir endlich Abstand gewinnen mussten.

Wir haben wieder günstige Flüge gefunden und wollten diesmal mit Luna, einer guten Freundin, die als Flugbegleiterin gerade Zeit hatte, durch Kalifornien trampen, dann nach Nicaragua und Costa Rica.

Unsere Schwester konnte leider nicht mitkommen, da sie ihre Ausbildung machte und ihren Urlaub für ihren Freund Marc aufsparen wollte. Mit Tim hatte sie vor einigen Monaten Schluss gemacht, ohne uns jemals einen wirklichen Grund zu nennen.

Elli hing immer noch an Marc, obwohl er sie so oft schon belogen und enttäuscht hatte. Er hat sie immer mehr runtergezogen, unsere Schwester, die eigentlich ein so fröhliches Mädchen war, aber irgendwie kam sie nicht von ihm los, und wir waren wenig begeistert von der Vorstellung, dass sie wieder mehr mit ihm zu tun hatte. Ich hatte Marc schon lange auf allen meinen Kanälen blockiert und war einfach nur froh, dass er in Schweden lebte und die beiden sich nicht so häufig sehen konnten. Zumindest erstmal nicht.

Gott hab ich in dieser Zeit so gut wie vergessen. Auch das, was ich während meiner letzten Erkrankung mit ihm erlebt hatte. Gedankt für alles, was wir erleben durften, und den Erfolg, den wir jetzt hatten, hab ich ihm natürlich auch nicht.

Mein Problem war glaube ich wirklich, dass ich den Transfer meiner Erfahrungen mit Gott in den Alltag, ins praktische Leben nicht hinkriegte. Und dass ich das auch bei niemand anderem sehen konnte. Am meisten gestört hab ich mich an den Christen, die mich mit ihrem Leben einfach nicht überzeugen konnten. Ich kannte ja die ganzen Versprechen aus der Bibel und hab überall vergeblich nach erfüllten, glücklichen Menschen gesucht, die einander lieben und ein Licht in der Welt sind. Stattdessen begegneten mir Besserwisser und Spaßbremsen, Verklemmte und Vorschriftenpolizisten, die sich selbst und anderen das Leben schwer machten. Und so erlebte ich auch die Religiosität meiner Eltern. Wenn so ein Leben mit Gott aussah, war das nichts für mich.

Wir sind zusammen mit Luna durch Amerika gereist. Wir haben die Zeit genossen, allerdings selbst dort immer den Gedanken im Kopf gehabt, ein außergewöhnliches Video über diese Reise produzieren zu müssen. Selbst Luna hat das manchmal gestört, dass wir uns nicht entspannen konnten, sondern immer etwas gestresst waren, auf der Suche nach dem nächsten verrückten Abenteuer, das wir wirkungsvoll in Szene setzen konnten.

Wir durften unsere Fans doch nicht enttäuschen, das Video musste noch besser und noch spannender werden als das von unserer letzten Reise durch Amerika. Am besten mit vielen Polizeieinsätzen und krassen Erlebnissen.

Immerhin waren wir ja jetzt vier Wochen unterwegs, in denen wir kein Video hochladen konnten, und das ist ungünstig. YouTube belohnt einen für regelmäßige Uploads, schließlich ist man darauf angewiesen, dass die Videos neuen Leuten vorgeschlagen werden, damit der Kanal wächst – deshalb sollte man jede Woche ein Video einstellen. Wie genau der Algorithmus da arbeitet, weiß aber niemand so richtig.

Manchmal hab ich daran gedacht, dass wir doch eigentlich „The Real Life Guys" sein wollten. Dass unsere Videos das echte Leben zeigen sollten, zumindest *unser* echtes Leben, draußen in der Natur, im Real Life eben, und nicht das gestellte Leben, das man in so vielen YouTube-Videos sieht. Und auch wenn wir in unseren Videos nichts Gefaketes zeigten, begannen wir doch immer mehr, die Realität zu schneiden und anzupassen und eben doch nicht mehr ganz so „real" darzustellen, wie sie war. Natürlich zeigt man lieber die schönen Seiten des Lebens, die es bei uns eben auch mehr als genug gab. Und trotzdem denke ich, dass es wichtig ist, dass man anderen nicht vortäuscht, ein perfektes Leben zu führen. Damit hilft man keinem weiter, sondern macht viel eher alle unglücklich, die nicht das Gleiche erreichen können – das es ja auch gar nicht wirklich gibt!

Den Stress, den wir in dieser Zeit hatten, haben wir natürlich nicht in unseren Videos gezeigt. Ich denke, dass sich auch nur die Wenigsten vorstellen können, was für ein Druck durch YouTube auf einem lastet, wenn man die Prioritäten falsch setzt.

DOCH ES KOMMT IMMER ANDERS, ALS MAN DENKT

Ein schlimmer Verdacht und die Folgen

Als wir in Nicaragua ankamen, ist mir plötzlich eine Beule auf der Brust aufgefallen, als ich mich beim Surfen an genau dieser Stelle gestoßen habe. Wir waren in einem kleinen Hostel, es war ruhig, schön warm draußen und eigentlich alles so perfekt. Wir erlebten eine gute Zeit mit Luna, hatten gute Gespräche und konnten uns tatsächlich etwas vom Stress der letzten Wochen erholen. Genau dort ist mir diese Beule aufgefallen. Links neben der Narbe von der Biopsie. In genau derselben Höhe, einfach auf der anderen Seite.

Ich wusste eigentlich sofort, dass das ein neuer Tumor sein könnte. Erstmal habe ich das mit Johannes und Luna besprochen und beschlossen, ein paar Tage abzuwarten. Ich hatte das ungute Gefühl, dass meine Vermutung richtig war, auch wenn es mir sonst noch gut ging und ich keine weiteren Beschwerden hatte. Trotzdem wusste ich noch genau, wie schnell sich letztes Mal alles verändert hatte. Wie ich auf einmal keine Luft mehr bekommen hatte, dann diese krassen Schmerzen in der Brust, die ich über Wochen ertragen hatte. Die Schwäche und das Gefühl, nicht mehr Herr seines Körpers zu sein. Auf einmal habe ich wieder bewusster darüber nachgedacht, wie gut es uns gerade ging, was für ein Glück wir bisher hatten und wie froh ich eigentlich sein konnte, dass nach der Chemo alles so gut verlaufen war.

Ich musste wieder an die Momente denken, in denen ich durch die Chemo zu schwach gewesen war, um aus dem Bett aufzustehen, in denen ich es nicht schaffte, meinen Rollladen zehn Zentimeter weiter aufzumachen. Ich sah wieder diesen Mäusebussard vor mir, der in Heidelberg im Botanischen Garten saß und der erste Vogel war, den ich nach der langen Zeit im Krankenhaus habe sehen dürfen. Wie ein stolzer Adler saß er da, dieser große, prachtvolle Vogel, bis er aufflog und zwischen den dichten Bäumen verschwand. Wie wertvoll war damals jeder Sonnenstrahl gewesen, jede Minute, die ich nicht im Bett liegen musste, jede Sekunde, die ich mit Freunden verbringen konnte! Irgendwie war so schnell wieder alles so selbstverständlich geworden. Wie schnell hatte ich meine Prioritäten wieder anders gesetzt. Hatte ich mir nicht eigentlich vorgenommen gehabt, mein Leben in Ruhe zu genießen? Dankbar für meine Gesundheit zu sein und mein Leben mit anderen zu teilen? Anderen zu helfen, denen es gerade nicht so gut ging?

Ich hab in der Hängematte gelegen und die kleine süße Katze gestreichelt, die immer gekommen ist, wenn ich gerade mit meinen Gedanken allein war, über die ich mit niemandem reden wollte. Ich hab mich einfach gefreut, da zu sein, keine Schmerzen zu haben, und habe das Leben das erste Mal seit Langem wieder so richtig genossen. Wieder richtig im Moment gelebt. Auf einmal war es egal, wann wir das nächste Video hochladen würden und wie viel Verrücktes wir auf dieser Reise erleben würden. Ich konnte die einfachen Dinge endlich wieder schätzen, so wie damals nach der OP vor vier Jahren, als ich das erste Mal wieder draußen herumlaufen konnte und mich nichts hatte glücklicher machen können, als wieder frische Luft zu atmen und die Sonne zu sehen.

Und jetzt war ich hier in Nicaragua, in einem Hostel mit Blick aufs Meer, bei bestem Wetter, mit meinem Bruder und Luna, bis auf diese Beule komplett fit, ohne Stress und irgendwelche nervigen Anrufe. Das war wirklich der schönste Moment der ganzen Reise. So seltsam, wie es sich vielleicht anhört.

Auf einmal ist mir ganz neu bewusst geworden, wie wertvoll das Leben und die Gesundheit ist und wie schnell wir alles Gute für selbstverständlich halten, uns daran gewöhnen und vergessen, dafür dankbar zu sein.

Obwohl ich wusste, dass sich mit einem Anruf aus der Klinik, an die ich eine Mail mit einem Foto von der Beule geschickt hatte, alles ändern könnte, wollte ich mir keine Gedanken darüber machen, was alles wieder auf mich zukommen könnte, sondern einfach den Moment genießen. Einfach im Hier und Jetzt leben. Außerdem war ja noch gar nicht ganz sicher, ob es wirklich wieder ein Tumor war.

Ich habe keine Antwort aus Deutschland bekommen. Daher ging ich ein paar Tage später in Nicaragua in Jose del Sur zum Arzt. Das war vielleicht ein Unterschied zu Deutschland! Obwohl wir eigentlich in einem Touristengebiet waren, in dem die Menschen auf den ersten Blick nicht besonders verarmt wirkten.

Das Krankenhaus bestand aus ein paar Blechcontainern, war fürchterlich heiß und komplett überfüllt. Die Frau am Empfang konnte genau wie der ganze Rest der Ärzte keinen Ton Englisch, hatte noch nicht mal einen PC und hat mein Problem erst verstanden, als ich es ihr mit Hilfe des Google-Übersetzers erklärt habe. Als wir dann nach einer ewigen Wartezeit zusammen mit ganz vielen Kleinkindern und schwangeren Frauen endlich drankamen, konnte der Arzt mir auch nur sagen, dass es aussieht wie ein neuer Tumor und ich so schnell wie möglich nach Deutschland zurückreisen sollte.

Ich weiß noch, wie wir abends dort von der kleinen Bucht aus den Berg zu einer riesigen Jesus-Statue hochgelaufen sind. Auf einmal überraschte uns ein Gewitter und wir suchten Schutz in der kleinen Hütte unter der Statue. Dann war der Regen mit einem Mal vorbei. Über dem Meer war ein wunderschöner Sonnenuntergang zu sehen, auf der anderen Seite ein riesiger Regenbogen. So ein schöner Anblick war das.

Dieser doppelte Regenbogen über der kleinen Bucht... steht ein Regenbogen nicht irgendwie auch für Hoffnung? Jetzt gerade schien auch die letzte Hoffnung in mir abzusterben. Schon beim Hochlaufen hatte ich etwas Atemnot gehabt, und so langsam, während ich hier unter dieser riesigen Jesusstatue stand, wurde mir bewusst, dass es keinen Sinn machte, noch länger zu verdrängen, was in Deutschland auf mich warten würde.

Als wir im Halbdunkel auf dem Rückweg waren, hinter uns war die Statue noch schwach vorm Abendhimmel zu sehen, fragte mich Luna, wie ich mit dieser ganzen Situation umgehen könne. Ob ich mir keine Sorgen machte.

Ich versuchte wieder stark zu sein oder wenigstens nach außen stark zu wirken. Und trotzdem ging ich immer einen halben Schritt vor ihr, sodass sie mein Gesicht nicht sehen konnte. Die Angst vor der anstehenden Untersuchung und der Behandlung, die Angst vor einer zweiten Chemo packte mich.

Mir war schon bei meiner letzten Diagnose gesagt worden, dass ich Glück hätte, dass dieser Tumor auch nochmal mit einer Chemo behandelt werden konnte, wenn er zurückkommen sollte. Aber bereit dafür war ich nicht. Es hätte keinen Zeitpunkt gegeben, an dem es mir weniger gepasst hätte. Alles war so perfekt gewesen, wieder waren wir an einem Höhepunkt.

Und genau jetzt würde sich wieder alles ändern.

Ich habe dann zusammen mit Johannes den nächsten Flug nach Deutschland genommen.

Erst eine Woche später, am 15. Februar, hab ich einen Termin und meinen Befund nach der Ultraschalluntersuchung bekommen. Die Ärztin meinte noch, das sei bestimmt etwas anderes, ein Tumor fühle sich anders an. Und auch die Ultraschallärztin war sich sicher, dass es hier keine schlechte Nachricht gäbe. Außerdem war die letzte Nachsorge-Untersuchung noch nicht allzu lange her gewesen, da war doch noch alles ganz unauffällig gewesen.

Dann waren sie plötzlich beide so still, dass man eine Stecknadel hätte fallen hören können. Ein Oberarzt wurde hinzugezogen. Mir war eigentlich schon klar, dass sie diesmal nicht recht behalten sollten, wie all die Jahre davor bei den Kontrolluntersuchungen. Fünf Jahre sind die „magische" Zahl; wenn der Krebs fünf Jahre lang nicht zurückgekommen ist, gilt man als geheilt. Bei mir waren es viereinhalb. Die Ärzte waren bei allen bisherigen Untersuchungen immer zufrieden und positiv gewesen. Diesmal war das anders. Erst als der Arzt wieder draußen war, schaute mich die Schwester lange an und sagte mir dann das, was ich eh schon wusste.

Es war also doch wieder ein neuer Tumor. Und er war schon fast größer als der letzte.

Ich reagiere in solchen Situationen nach außen immer gelassen und will ja nicht zeigen, was ich eigentlich denke. Irgendwie kann ich dann meine Gefühle nicht zulassen. Draußen haben meine Mutter und Neles Bruder Christian gewartet, der auch ein guter Freund von uns war. Die wollten natürlich wissen, was los war, und ich musste es ihnen jetzt mitteilen.

Das ist glaube ich, immer das Allerschwerste. Zumindest für mich. Genau wie bei meiner ersten Diagnose. Selbst zuzugeben, dass man Krebs hat. Es vor anderen auszusprechen und damit real zu machen. Dann wird man wieder so mitleidig angeschaut. Als wäre man eine andere Person. Als wäre diese Krankheit das

Schlimmste, was es gibt. Und so habe ich mich gar nicht gefühlt. Es ging mir ja gut. Außerdem war ich immer noch derselbe. Ich war immer noch genauso lebensfroh wie bisher und wollte mir selbst nicht eingestehen, krank zu sein. Das hab ich noch nie gerne zugegeben. Lieber tu ich so, als wäre alles normal, egal, wie schlecht ich mich gerade fühle. Mitleid macht doch nichts besser.

Trotzdem musste ich es ihnen jetzt sagen: „Ich hab wieder Krebs. Und der ist schon größer als letztes Mal."

Eigentlich wollte ich stark bleiben. Keine Gefühle zulassen. Später allein darüber nachdenken. So wie in Nicaragua am letzten Tag, bevor wir uns von Luna verabschieden mussten und ich innerlich doch etwas zerstört war. Aber genau dann kommen diese Fragen. *Was bedeutet das jetzt eigentlich? Muss ich wieder diese Chemo machen? Muss ich das alles nochmal durchmachen, diese ganze ewige Qual?*

Nein, ich hatte wirklich keinen Bock mehr auf die Chemo. Das macht einen so kaputt. WARUM musste das alles nochmal sein? Ich wollte hier nicht weinen. Nicht heulend der Krankenschwester begegnen, der ich eben noch ganz emotionslos mitgeteilt hatte, dass ich es mir ja eh schon gedacht habe und dass wieder alles gut werden wird, so wie letztes Mal.

Eigentlich wollte ich jetzt allein sein. Aber irgendwie auch wieder nicht. Ich bin nicht der Typ, der gerne allein ist. Vielleicht auch, weil ich noch nie wirklich allein war. Ich brauche immer andere Menschen um mich. Am besten ganz viele gute Freunde. Oder meinen Bruder. Ich glaube, als Zwilling kennt man es einfach nicht, allein zu sein. Und deshalb war ich doch froh, dass die anderen da waren. Auch wenn ich wieder aufs Klo gerannt bin, damit niemand sah, was in mir vorging. Ich bin doch stark. Zumindest wollte ich so aussehen.

Meine Mutter sagt immer, ich könnte mich so gut verstellen, so gut heucheln. Vielleicht ist das ja eins meiner Probleme. Dass ich mich gerne anders darstelle, als ich eigentlich bin. Das ist ja auch das Schöne an Filmen. Da kann man die unschönen Sachen einfach herausschneiden. Wenn es einem nicht gefällt, einfach nochmal machen. Oder löschen. Dann ist es weg. Dann hat es niemand gesehen. Und alle sehen das Bild, das ich ihnen zeigen will, zurechtgeschnitten und gecolorgraded. Genau so, wie ich es haben will. So, wie ich mich gerne haben möchte: stark und happy. Auch wenn das gar nicht stimmt. Und trotzdem hilft es manchmal, ein Lächeln aufzusetzen, auch wenn es einem gerade nicht danach ist. Mir jedenfalls hilft das. *Fake it until you become it.* Oder so ähnlich zumindest.

Ich hab mich vors Klo gekniet. Ja, hier war ich doch schon mal gewesen. Nicht in diesem Klo, aber an diesem Punkt. Vor über vier Jahren, als ich meine erste Diagnose bekommen hatte. Da hab ich mich auch vors Klo gekniet und Gott gefragt, ob es ihn gibt. „WARUM?", hab ich gefragt. Und er hatte mir geantwortet. Mir gezeigt, dass es ihn gibt. Das hatte ich nicht vergessen, nur unter Zweifeln und Ablenkungen vergraben.

Ich musste diesmal nicht mehr nach dem WARUM fragen, musste ihn nicht mehr fragen, ob es ihn gibt und ob er mich hört. Diesmal hab ich ihm gesagt, dass ich das alles nicht mehr will. Dass ich das NICHT MEHR KANN. Dass ich keinen Bock mehr hab. Dass das zu viel ist. Zu viel verlangt.

Ich weiß, dass man so nicht mit Gott reden sollte.

Aber bei wem, wenn nicht bei ihm, sollte ich ehrlich sein? Wenn er alles weiß, weiß er sowieso, wie ich mich fühle. Auch dass ich keinen Bock mehr hatte, das alles nochmal von vorn zu durchleben. Ich hab ihm gesagt, wenn es ihn gibt, dann soll er mir das ersparen. Dass er mich ohne Chemo und ohne Ärzte gesund machen soll. Am besten jetzt gleich. Dann würde ich auch an ihn glauben.

Also hab ich ihn doch wieder infrage gestellt, obwohl er mir ja schon gezeigt hatte, dass es ihn gibt. Oder eher habe ich infrage gestellt, dass er wirklich in unser Leben eingreift, denn das war es ja, was ich die ganzen letzten Jahre vermisst und überall gesucht hatte. Einen richtigen Beweis, dass Gott da ist, wollte ich haben, nicht so einen netten passenden Bibelvers oder so einen kleinen ganz gut passenden Zufall. Einen echten, handfesten, unmissverständlichen Beweis.

Am besten ein Wunder.

Ein großes Wunder, das nicht nur ich erlebe, wenn ich mir mal wieder unsicher bin, ob es ihn gibt, sondern ein Wunder, das jeder ganz klar sehen kann. So eins, das niemand abstreiten kann, bei dem jeder zugeben muss, dass es Gott gibt. So wie damals bei Elia, als das Feuer vom Himmel gefallen ist – das war eine Geschichte aus dem Alten Testament, die ich noch von früher kannte, und sie hatte mich echt beeindruckt. Das hatten alle gesehen. Gott sollte mich einfach gesund machen. Das wäre doch das Beste, oder? Eine Win-Win-Situation: Dann wäre ich gesund und ich würde an Gott glauben. Was auch immer das heißt. Aber das Angebot hab ich ihm gemacht.

Dabei war wieder mal mein Wille entscheidend. Und ich wollte, dass ich keine Chemo machen muss, dass ich gesund werde, dass es mir gut geht und ja, eigentlich, dass ich so weitermachen kann wie bisher. Es lief doch alles gerade so gut. Und es könnte noch viel besser werden, dem Erfolg sind ja bekanntlich keine Grenzen gesetzt. Auch nicht auf YouTube.

So habe ich mir das also etwa auf dieser Toilette überlegt: *Das wäre echt super, wenn dieser Gott sich mir jetzt zeigt und mich gesund macht.* Aber dann habe ich mir selbst gesagt, dass das höchstwahrscheinlich nicht passieren würde. Dass das total unrealistisch und total irrationales Wunschdenken war. Auf einmal musste ich an all das denken, was jetzt wahrscheinlich wieder auf mich zukommen würde. Das war keine schöne Vorstellung, ich schätze, da wäre es jedem zum Heulen zumute, und ich glaube, das ist auch okay. Viel besser, als sich vor sich selbst und vor den anderen zu verstecken.

Ich muss länger mit diesen ganzen Gedanken beschäftigt gewesen sein, denn irgendwann ist Christian gekommen und hat an die Tür geklopft, gerade, als ich versucht habe, meine Tränen wieder wegzuwischen. Ja, ich war froh, dass er da war und dass meine Mutter da war.

Christian hat nur gemeint: „Das wird schon wieder."

Klar, vermutlich wird es schon wieder. Irgendwie. Irgendwann. Aber ich lebe ja im Jetzt, nicht in der Zukunft.

Jetzt war also genau das eingetroffen, was ich in Nicaragua befürchtet hatte: Dass das sicher für eine sehr lange Zeit die letzte Reise war. Die letzte Zeit, in der ich für den Moment sorglos und ohne irgendwelche Beschwerden in einer Hängematte liegen und eine Katze streicheln kann, die wahrscheinlich besser fühlt als jeder Mensch, was ich gerade denke, und einfach neben mir liegen bleibt. Und ich war froh, dass ich diese Zeit noch richtig genossen hatte. Da hatte ich wenigstens etwas Schönes, an das ich mich erinnern konnte, wenn ich demnächst wieder ewig mit Kopfschmerzen im Krankenhaus liegen würde und vor mich hin kotzte und noch nicht mal aus dem Bett aufstehen konnte. Ja, genau so hab ich mir die nächste Zeit vorgestellt, sicher noch viel schlimmer als das letzte Mal, denn jetzt war der Tumor ja sogar schon größer.

Als ich wieder zu Hause war, hab ich nochmal gebetet. Vielleicht würde ich ja wenigstens so etwas erleben wie das letzte Mal. Wenn ich schon kein Wunder erwartete, wäre es doch schön gewesen, zumindest wieder dieses tröstliche Gefühl zu haben, dass Gott da war.

JETZT GEHT DAS ALLES WIEDER VON VORNE LOS

Alles zurück auf Anfang?

Jetzt war ich also wieder krank.

Ich hasste es, das so zu sagen oder so von anderen zu hören. Ich wusste ja schon, was das heißt: diese ganzen ewigen Untersuchungstermine, das unendlich lange Warten und dann diese grausamen Arztgespräche, die einem alles andere als Hoffnung machen.

Warum ist unser Leben oft so extrem? Erst so gut und dann so schlecht. Wie eine Welle, auf der man surft. Und wenn man sie nicht richtig trifft, geht's immer weiter runter.

Fünf Tage nach der ersten Untersuchung hatte ich ein MRT und ein paar Tage später fingen wieder die ganzen Untersuchungen in der Thoraxklinik an. In dieser Klinik, wo mir alles so bekannt vorkam. Wo mich alles an meine letzte Erkrankung erinnert hat. Da, wo der blaue Wasserturm mich an die alte Schule erinnert hatte, da, wo ich diese brutalen Schmerzen hatte und ewig im Bett liegen bleiben musste.

Nun war ich also wieder hier und musste auf eine Untersuchung warten. Nicht nur eine Stunde, es waren eher vier oder fünf, die ich hier rumsitzen musste. Gefühlt noch viel länger. Nele hatte angeboten, mir Gesellschaft zu leisten, während ich wartete. Sie wohnte ganz in der Nähe und hatte mich ja auch beim letzten Mal oft besucht, als ich in dieser Klinik war. Damals, als ich nur mit größter Mühe ein paar Runden im Park vor der Tür laufen konnte. Wo ich so starke Schmerzen hatte, dass ich mich heimlich auf dem Klo ausruhen musste, weil ich nicht zugeben wollte, wie schlecht ich mich fühlte.

Daran musste ich jetzt denken. Was war seitdem alles passiert! Irgendwie kam es mir so vor, als wäre das alles erst ein paar Tage her, als hätte das alles gestern sein können. Aber in Wirklichkeit waren schon vier Jahre vergangen und so viel hatte sich verändert. Nele hatte ich schon lange nicht mehr gesehen. Wir hatten uns nicht mal mehr geschrieben. Obwohl sie früher wie eine Schwester für mich war. Sie war immer für mich da gewesen, immer hat sie mir geholfen und so viel Kraft geschenkt in dieser schweren Zeit. Was war in der Zwischenzeit eigentlich geschehen? Warum fühlte es sich jetzt so seltsam an, wieder hier in dieser Klinik auf sie zu warten?

Wir hatten uns nicht zerstritten. Ich glaube, ich war einfach enttäuscht gewesen. Vielleicht nicht mal so sehr von ihr, sondern eher von Gott. Weil ich mir gewünscht hätte, dass ich Gott beziehungsweise die Auswirkungen ihres Glaubens in ihrem Leben sehen könnte. So lange es ihr gut ging, war auch alles bestens mit ihrer „Beziehung" zu Gott, wie sie es nannte. Aber wenn es ihr schlecht ging, hat er ihr nicht geholfen. Zumindest sah das für mich von außen so aus.

Warum griff Gott nicht ins Leben ein? Mein Bruder und ich haben immer versucht, das Unmögliche umzusetzen. Und zusammen ist es uns fast immer gelungen. Wir haben daran geglaubt, dass das Unmögliche funktionieren kann, und dann hat es auch funktioniert. Egal, ob es eine fliegende Badewanne war oder ein U-Boot. Und wir sind nur ganz normale Menschen. Wenn Gott doch alles kann, kann er dann nicht auch übernatürlich eingreifen? Kann Gott dann nicht auch mit uns reden? Konnte er nicht jetzt zu mir sprechen? Er hat es doch in der Bibel versprochen.

Also war doch nichts dran gewesen an diesem alten Buch, das mir während der letzten Therapie so viel Hoffnung gemacht hatte.

Damals war ich einfach nur enttäuscht gewesen. Und jede Enttäuschung macht ein bisschen kälter, ein bisschen härter und ein bisschen distanzierter. Das hab ich gespürt. Vor allem, wenn man nicht offen darüber redet. Oder erst Ewigkeiten danach.

Ja, und jetzt lehnte ich immer noch hier an der Wand und wartete auf Nele. Trotz allem freute ich mich auf sie. Das Gute, das man mit jemandem in schlechten Zeiten erlebt, bleibt viel länger hängen und sitzt viel tiefer als das Schlechte, das man in guten Zeiten mit jemandem erlebt.

Und dann war sie da.

Ich wusste nicht so recht, was ich zu ihr sagen sollte. Wir machten ein bisschen holprigen Smalltalk, und Nele lud mich zu ihrer Mutter, die immer extrem gut gekocht hatte, zum Essen ein. Das passte perfekt und so fuhren wir hin.

WENN GOTT ES NICHT IN ORDNUNG BRINGT

Glauben können versus wissen wollen

Es war wie erwartet ein sehr gutes Essen, aber geschmeckt hat mir vor lauter Anspannung gar nichts. Gerade als wir gehen wollten, kam Vera, Neles Schwester, mit einem Buch in der Hand an. Das solle sie mir von Anna geben, sagte sie. Anna war die ältere Schwester der beiden und hatte auf mich schon immer einen vernünftigen Eindruck gemacht. Oder ich ging einfach davon aus, dass sie vernünftig war, weil das ja immer so ist bei den älteren Geschwistern. So kenne ich das zumindest aus anderen Familien, nur in unserer ist es natürlich nicht so.

„WHEN GOD DOESN'T FIX IT" (Wenn Gott es nicht in Ordnung bringt) stand auf dem Buchcover. *Schon wieder so ein religiöses Buch*, dachte ich. Aber der Titel hat mich irgendwie angesprochen.

Einige Tage vorher hatte mir Anna geschrieben. Nicht direkt so offensiv religiös wie viele andere, die von meiner Krankheit erfahren hatten. Sie schrieb nur, dass alles einen Sinn habe bei Gott und dass sie für mich beten wolle. Das war mir schon mal viel sympathischer als die Aussagen von anderen Christen, die mir weismachen wollten, dass meine Krankheit eine Strafe Gottes sei und mir meinen Splitter aus meinem Auge ziehen wollten, obwohl in ihrem so ein fetter Balken steckte, den ich einfach nicht übersehen konnte.

Außerdem hatte Anna schon in der Onkologie gearbeitet, genau auf der Station, wo ich gelegen habe. Sie machte mir Mut, dass ich nicht der Einzige in dieser Situation sei, und dass es schon viele andere vor mir geschafft hatten.

Ich kannte Anna nicht wirklich, außer dass wir uns ganz früher in der Schule und einmal in der Onko begegnet sind, bei einer von diesen Nachuntersuchungen, die bis dahin immer alle gut ausgefallen waren. Sie war für mich die ältere Schwester von Nele, viel mehr nicht. Es war mir egal, was sie über mich dachte, ich hatte nicht das Gefühl, mich verstecken zu müssen. Manchmal ist es einfacher, ehrlich zu Personen zu sein, die man nicht so gut kennt. Die einen selbst vor allem nicht so gut kennen. Besonders in solchen Situationen, in denen man anders ist als normal. Wenn man nicht so stark ist wie sonst und das den Menschen nicht zeigen möchte, die von einem genau das Gegenteil erwarten. Die einen ganz anders kennen.

Ich war innerlich zerrissen, ich wusste nicht mehr weiter, aber das konnte ich doch vor meinen Freunden und meiner Familie nicht zugeben.

Warum denke ich immer so viel nach über das, was die anderen über mich denken? Ich hasse es doch selbst am allermeisten, wenn ich merke, dass sich Personen mir gegenüber verstellen. Warum kann man nicht einfach bei jedem zu hundert Prozent ehrlich sein? Vielleicht, weil man dann angreifbar ist. Und fremde Personen können einen eben nicht so leicht verletzen. Vielleicht ist es deshalb einfacher, Unbekannten gegenüber offen und ehrlich zu sein.

Anna und ich schrieben uns von da an oft. Wenn ich schreibe, kann ich vieles nicht so gut ausdrücken, wie ich es meine, besonders auf WhatsApp, wo der andere ständig auf eine Antwort wartet und man mehr oder weniger gezwungen ist, sofort zu antworten. Eigentlich hasse ich WhatsApp. Ich würde viel lieber Briefe schreiben, obwohl das sicher auch seine Nachteile hat. Doch was sie mir schrieb, war so ehrlich und offen. Verständnisvoll. Nicht irgendwie verurteilend. Anna konnte ich klar und ehrlich sagen, was ich dachte, was ich fühlte und was ich vor allem von Gott und dem Glauben hielt.

Nicht, dass ich nicht glauben wollte – ich KONNTE nicht glauben. Was ist das eigentlich für ein blödes Wort? GLAUBEN?! Ich will WISSEN! Nicht glauben.

Gerade wenn es um die wichtigsten Entscheidungen des Lebens geht. Da hilft mir doch so ein vages „Ich glaube, dass…" nichts. „Ich glaube", das sagt man, wenn man sich bei einer Sache nicht sicher ist. „Ich glaube, es könnte morgen regnen."

Klar, wenn ich an etwas glaube, wird es für mich wahr. Dann bilde ich mir ein, etwas zu wissen. Aber ich weiß es eben doch nicht. Und das ist das Gefährliche am Glauben: Wenn man sich erstmal darauf einlässt, wird es zu einer Wahrheit, dann wird es so, als würde man alles durch eine Brille betrachten. Aber so eine Brille verzerrt eben die Realität, und statt glücklicher zu werden, wird man einfach nur seltsam. Und darauf wollte ich mich auf keinen Fall einlassen. Mir war es wichtig, wirklich die Wahrheit herauszufinden. Ich wollte am liebsten Gott direkt begegnen und mit ihm so reden wie mit einem anderen Menschen.

Mir war klar, dass Glauben eine Grundlage braucht. Ein Fundament, das ihn stützt. Wenn ich an etwas „glaube", was ich nicht sehe, und keinen Grund für meine Annahmen habe, wird mein Glaube keinem Zweifel standhalten. Aber was hätte dieses Fundament sein können? Vielleicht ein richtig krasses übernatürliches Erlebnis? Einmal in den Himmel fliegen und zurück? So hoch war die Badewanne leider nicht gekommen. Und abgestürzt war sie auch nicht. Sonst wüsste ich jetzt vielleicht besser Bescheid. War so ein Erlebnis der Schlüssel? Oder war es tatsächlich diese „lebendige Beziehung zu Gott", von der Anna immer sprach? Eine Beziehung zu einer unsichtbaren Person? Geht so etwas?

Anna war der Meinung, dass man Gott wirklich erleben kann und dass man seinen Willen erfahren kann. Sie hätte das selbst schon oft erlebt, wenn sie wichtige Entscheidungen treffen musste, sagte sie, und diese Erfahrungen waren auf jeden Fall eine Grundlage für ihren Glauben. Sie redete mit Gott und er redete mit ihr. Vor allem durch die Bibel. Irgendwie hatte ich das ja auch so erlebt. Dass „Zufälle" passieren, wenn man betet, die eben nicht passieren, wenn man nicht betet. Trotzdem glaube ich, dass ich jeden anderen Menschen da nicht wirklich ernst genommen hätte. Aber da ich Annas Familie kannte und wusste, dass ihre Eltern genau zu diesen überdrehten Christen gehören, die mich vom Glauben abhalten, konnte ich nicht verstehen, wie sie trotzdem noch an Gott glauben konnte. Dass es einen liebenden, allmächtigen Gott gibt, der wirklich da ist und mit dem man leben kann. Diese Hoffnung und Zuversicht, die sie ausgestrahlt hat, hat mich wirklich beeindruckt.

Hier schien es mir nicht so, dass jemand durch eine Brille schaut, die blind und traurig macht, den ganzen Spaß im Leben ausblendet und die Menschen ein langweiliges Leben leben lässt. Anna schien jemand zu sein, der für ein Vorbild halbwegs passen würde. Ein Vorbild, das ich schon so lange gesucht hatte.

Sie erklärte mir, dass Gott anders denkt als wir. Aber immer größer. Dass Gottes Wege höher sind als unsere, so steht es doch in der Bibel. Mit jedem Gespräch erweiterte sich mein Denken ein bisschen mehr.

Die Sache mit dem Buch, das Anna mir geben wollte, war so ein Zufall, bei dem ich im Nachhinein sagen würde, dass es kein Zufall war.

Anna hatte also das starke Gefühl gehabt, sie müsste mir mal dieses Buch mit dem Titel „WHEN GOD DOESN'T FIX IT" (Wenn Gott es nicht in Ordnung bringt) geben. Doch irgendwie hat sie es nicht mehr gefunden und ihren Schwestern gesagt, dass sie danach suchen sollten. Und genau, als ich bei ihrer Familie zu Hause war, hatte Vera das Buch im Regal stehen sehen, sich daran erinnert und es mir mitgegeben.

Was ist das eigentlich für ein komischer Titel?, hatte ich mich gefragt. Ich wollte doch im Gegenteil endlich mal sehen, dass Gott mal etwas in Ordnung bringt. Dass sich nichts verändert, hatte ich ja schon oft genug erlebt. Wenn ich ein Buch geschrieben hätte, hätte es wahrscheinlich den Titel gehabt: „GOTT GIBT ES NICHT – WEIL ER NICHTS TUT!"

Das Buch mit dem deprimierenden Titel hat Laura Story geschrieben, eine bekannte amerikanische Sängerin, bei der zufällig eine Freundin von Anna als Au-Pair war. Das war also nicht irgendein Buch, sondern eine Biografie von einer bekannten christlichen Sängerin, die Anna auch noch über Umwege kannte. Eins der bekanntesten Lieder von Laura Story ist „Blessings", in dem sie beschreibt, wie Gott aus scheinbar Schlechtem Gutes machen kann[4]. Ich fing mit dem Lesen an und währenddessen schickte mir Anna den Song. Er hat mich wirklich betroffen gemacht. Vor allem, wenn man bedenkt, was diese Frau alles durchgemacht hatte. In dem Buch schrieb sie über ihren Mann, der einen Hirntumor hatte und den sie vermutlich ihr Leben lang versorgen muss. Und auch sonst war einiges nicht so perfekt in ihrem Leben. Aber trotzdem hatte sie so ein Lied geschrieben.

In der nächsten Nacht konnte ich nicht schlafen. Wie so oft in diesen sterilen Krankenhauszimmern, wo ich schon viel zu oft gelegen hatte. Da hab ich bestimmt ein Viertel des Buches gelesen über diese scheinbar so tragische Geschichte. *Da kann ich ja immerhin dankbar sein, dass es mir so viel besser geht*, dachte ich. Und ich hab auch beschlossen, Gott nochmal eine Chance zu geben.

Konnte mir dieser Gott vielleicht sogar den Sinn im Leben schenken, nach dem ich schon so lange suchte? Trotz all unserem Erfolg war diese tiefe Sehnsucht noch nicht gestillt worden.

"ES IST WIEDER EIN TUMOR!"

Wenn die Angst sich von hinten anschleicht

Am nächsten Morgen war die Biopsie. Das war mir recht und wichtig. Ich wollte zu hundert Prozent sicher sein, dass ich wirklich Krebs habe, und zwar einen bösartigen Tumor, bevor Gott ihn heilt. Falls er das tat. Denn ich kenne mich gut genug, um zu wissen, dass ich es sonst nicht als Wunder akzeptiert hätte und mir wieder alle möglichen Ausreden und Erklärungen ausgedacht hätte, dass es etwas anderes gewesen war, das einfach von selbst weggegangen war. Und ich musste ja auch vor anderen, denen ich hinterher von der Sache erzählen würde, beweisen können, dass ich wirklich Krebs gehabt hatte.

Die Biopsie verlief wie geplant, ich hab direkt danach den Befund bekommen. Es war wieder genau der gleiche Tumor, den ich schon vor vier Jahren gehabt hatte.

Am Abend ist Nele nochmal gekommen. Ich brauchte einfach jemanden, mit dem ich über meine Ängste reden konnte. Nein, ich hab mir von ihr keine Hilfe oder Ermutigung erhofft, sie hatte ja selbst genug Probleme. Aber ich hab ihr gesagt, dass ich Gott versprochen habe, dass ich für ihn leben werde, mein ganzes Leben lang, wenn er mich ohne Chemo heilen würde. Ich brauchte einfach ein klares Zeichen. Gott könnte von mir aus auch Feuer vom Himmel regnen lassen oder irgend so etwas, sagte ich, dann wäre ich überzeugt.

Ich hätte ja einen ziemlich großen Glauben, meinte sie. Aber den hatte ich eben nicht. Das war ja mein Problem. Weil mir dieses Fundament für meinen Glauben fehlte. Das sollte dieses Experiment ja zeigen. Nur soviel glaubte ich, dass Gott mich heilen kann, falls er will, falls er allmächtig ist und falls es ihn gibt. Und dass ich ihm dann was schuldig wäre, wusste ich auch, deshalb hab ich ihm dieses Versprechen gegeben. Jetzt hatte ich immerhin eine Zeugin, die mich erinnern könnte, wenn das so einträfe und ich mein Versprechen vergäße.

Wenn es Gott gibt, wollte ich das akzeptieren, genauso, wie wenn es ihn nicht gibt. Nur diese Ungewissheit macht einen fertig. Gerade in so einer Situation wie der, in der ich mich befand. Dann weiß man nicht, ob man auf etwas vertrauen und hoffen kann und auf was. Und ich hätte ja so gerne geglaubt. Aber ich wollte mir nicht selbst einen Gott erschaffen, nur weil ich gerade einen brauchte und die Krankheit dann vielleicht angenehmer hinzunehmen ware.

Ich hab in dieser Zeit immer wieder starkes Herzrasen bekommen, weshalb ich noch nicht nach Hause durfte. An einem Abend kam ein Pfleger, der mir so bekannt vorkam. Er hat mich angeschaut und gemeint, ich wäre doch schon mal hier gewesen. Vor vier Jahren. Damals, als ich solche Schmerzen hatte. In dieser Nacht wäre er bei mir gewesen. Jetzt hätte er nur meinen Namen gelesen und mich direkt erkannt.

Das hat mich wirklich berührt, ich erinnerte mich noch daran, als sei es gestern gewesen. Solche Menschen braucht die Welt, genau solche Pfleger brauchen die Kranken. Menschen, die nicht nur einen Job erledigen, sondern von ganzem Herzen dabei sind. Das war schon krass. Ich hab mich dank ihm ein bisschen wie zu Hause gefühlt und das hat mich beruhigt. Wie schön, dass er an dem Abend Dienst hatte. Wenn ich nicht länger hätte bleiben müssen, hätte ich ihn wohl nie wiedergesehen und mich nie bei ihm bedanken können.

Die Zeit im Krankenhaus habe ich genutzt, um mich mit Anna zu treffen und endlich mal im Real Life statt nur am Handy mit ihr über meine Gedanken und Sorgen zu reden. Wir haben zusammen Pizza gegessen und Anna hat mir einiges aus ihrem Leben erzählt. Und das alles ganz ehrlich, so, wie sie es erlebt hat und so, wie sie sich dabei gefühlt hat. *Da muss doch etwas dran sein,* hab ich gedacht, *sonst würde sie nicht so überzeugt und zuversichtlich reden und dabei so eine innere Ruhe ausstrahlen.* Das hat mich schon etwas beeindruckt.

Ich hab das jetzt schon ein paar Mal gesagt, aber mir ist es wirklich wichtig zu wissen, was wahr ist und was falsch ist. Und bei Anna hatte ich nicht den Eindruck, eine beschönigte, unechte Geschichte zu hören, die so zurechtgebogen ist, dass sie unglaublich perfekt klingt.

Ganz im Gegenteil. Ihre Geschichte war alles andere als perfekt. Und es gab immer noch genug Fragen und viele schwierige Punkte in ihrem Leben. Dennoch schien es so, dass man jetzt im Nachhinein irgendwie einen Sinn hinter vielem erahnen konnte.

Ich hab ihr auch ganz ehrlich gesagt, wie ich mich fühle. Ich habe ihr meine Fragen erzählt, ihr gesagt, dass ich auf der Suche nach der Wahrheit und nicht nach irgendeiner Religion war. Und dass ich Angst hatte. Ich glaube, so hab ich das noch vor keinem anderen Menschen zugegeben. Ich kannte dieses Gefühl nicht, das mich auf einmal nachts nicht mehr schlafen ließ. Diese Sorgen, diese Ungewissheit, diese Angst vor der Zukunft, die mich fast erstickten. Diese Art von Angst hatte ich vorher noch nie gehabt, auch nicht in den brenzligsten Situationen unserer Real-Life-Projekte.

Ist das Angst, wenn man in einem U-Boot sitzt, 10 Meter unter Wasser, und es knackt und splittert, und dann schießt das Wasser rein und man weiß nicht, was los ist? Oder ist das Angst, wenn man an einer Klippe steht, kurz vorm Sprung, und man doch nochmal zögert?

Für mich ist das eher ein Kick, den ich manchmal brauche. Angst würde ich das nicht nennen, irgendwie bin ich dafür viel zu optimistisch. Egal, ob ich beim Trampen zu fremden Leuten ins Auto einsteige oder in einen Hunderte Jahre alten unterirdischen Gang unter der Stadt krieche, ich denke normalerweise noch nicht mal daran, was passieren könnte. Und vielleicht passiert deshalb auch nichts. Jetzt hatte ich auf jeden Fall Angst. Angst vor der Therapie. Angst, anders zu sein, als ich bin, als ich sein will. Und vor allem Angst vor der Zukunft.

Was ist das denn für ein Leben, wenn man jederzeit wieder neu krank werden kann?

Ist das ein lebenswertes Leben?

Ständig in dieser Angst?

So konnte ich nicht leben und so wollte ich auch nicht leben. Ja, genau so hab ich es vor Anna ausgesprochen und genau so hab ich es auch gemeint. Das ist doch ein Scheißgefühl. Ich bin nicht der Mensch, der viel Sicherheit braucht. Ich plane nie. Ich hab selbst keine Ahnung von meiner Zukunft. Es kommt eh immer alles anders.

Aber immer in Angst zu leben, das ist doch kein Leben. Immer daran zu denken, dass auf einmal wieder alles zurückkommen könnte, kann man dann überhaupt noch etwas genießen? Dann macht doch irgendwie alles keinen Sinn mehr. Es macht keinen Sinn, auf etwas hinzuarbeiten. Es macht keinen Sinn, einen Kredit aufzunehmen. Es macht erst recht keinen Sinn, sich zu verlieben. Welcher Mensch will denn unter diesen Umständen mit mir eine Beziehung eingehen? Da müsste man schon ziemlich unvernünftig sein.

Aber wenn das stimmen würde, was Anna sagte, WENN alles irgendwie Sinn machen würde, WENN da jemand wäre, der einen Plan hätte, DANN wäre das alles anders.

Dann könnte ich meine Sorgen abgeben. Mich darauf verlassen, dass, egal was passiert, es immer das Beste für mich ist. Das wäre ja viel zu schön, um wahr zu sein. ICH wollte das auf jeden Fall nicht glauben. Oder doch, eigentlich wollte ich es schon. Ich konnte es aber nicht. Weil ich eben ehrlich war. Ich wollte nicht glauben – ich wollte wissen. Und das hatte ich ja schon versucht und war überall nur enttäuscht worden.

Das Treffen war also ganz interessant gewesen und auf jeden Fall hatte ich jetzt etwas zum Nachdenken und vielleicht auch ein kleines bisschen mehr Hoffnung. Aber die eigentliche Frage war eher noch stärker als davor.

Sind wir hier jetzt zufällig auf dieser Erde? Ist alles nur ein großer dummer Zufall? Oder gibt es da wirklich eine höhere Macht, jemanden, der mein Leben in der Hand hat? Jemanden, der mich durch die letzte Chemo getragen hat? Und wenn es jemanden gibt, wer ist das dann? Warum zeigt er sich nicht deutlicher? Warum macht so vieles einfach keinen Sinn?

Oder ist doch alles nur Schicksal, und keiner wird je den Sinn dahinter verstehen – weil es einfach keinen gibt?

Inzwischen war es März 2018 und der Frühling brach an. Immerhin war es wieder schön draußen und nicht so bedrückend wie vor vier Jahren, als ich in den dunklen Wintermonaten im Krankenhaus liegen musste. Aber irgendwie wollte ich bei dem schönen Wetter noch weniger hier drin liegen.

Ich hatte mir vorgenommen, am Sonntag in den Gottesdienst in diese Gemeinde zu gehen, von der Anna mir erzählt hatte, und danach mit dem Pastor, Martin, zu sprechen. Das hatte Anna für mich arrangiert. Vielleicht war dieser Martin ja jemand, dem man Gott direkt anmerkte. Oder vielleicht würde Gott in der Predigt zu mir sprechen. Einmal wollte ich es auf jeden Fall noch versuchen. Ich hatte gehört, dass diese Kirche anders sei als andere, dass es hier lockerer zuging, ohne diese ganzen Regeln, wie man sich anziehen oder verhalten musste. Eine moderne Freikirche, die ihre Gottesdienste am liebsten in Kinos abhält, sonntags, wenn das Kino sonst nicht gebraucht wird. Aber so richtig konnte ich mir nicht vorstellen, was mich dort erwarten sollte.

Anna hatte an dem Sonntag eigentlich nach Berlin fahren wollen, zu einem Junggesellinnenabschied, wenn ich mich richtig erinnere. Die Reise hatte sie sogar schon gebucht. Ich hatte überhaupt gar keine Lust, allein zu gehen. Ich würde mich unsicher fühlen, nach diesen letzten Jahren wieder so ein Gebäude zu betreten, in das sonst nur fromme Menschen gehen. Und außerdem bin ich ja wie gesagt nie gerne allein. Doch davor hatte ich Anna nichts gesagt.

Als hätte Anna meine Bedenken geahnt, hat sie tatsächlich ihre Reise abgesagt und ist mit mir am Sonntag in die Church gegangen, was mir mega viel bedeutet hat. *So sollten sich Christen verhalten*, hab ich gedacht. *Andere, eigentlich Fremde, höher achten als sich selbst. So steht es doch auch in der Bibel.*

Während des Gottesdienstes hab ich wieder dieses Herzrasen bekommen, und wenn ich allein gewesen wäre, hätte mir das wirklich Angst gemacht, glaube ich. Ein Lied hat mich besonders angesprochen, direkt am Anfang, als ich es mir in dem halbwegs bequemen Kinosessel gemütlich gemacht hatte. Es war dunkel, die Bühne von grellen Scheinwerfern beleuchtet. Alle waren aufgestanden, eine moderne Band kam auf die Bühne und spielte dieses Lied. Das war kein Gottesdienst, wie ich ihn kannte. Nicht langweilig, nicht nur für alte Menschen. Hier schien es keine tausend

Regeln zu geben, keine seltsamen Kleidungsvorschriften, die noch aus dem letzten Jahrhundert stammten. Und die Leute strahlten so eine Freude, so eine Ruhe aus; hatte ich nicht nach genau so etwas gesucht?

Anna war es auch nicht wichtig gewesen, dass ich genau in diese Gemeinde mitkäme. Gott sei doch überall derselbe, meinte sie. Das klang nicht so nach Sekte wie manche andere, die von sich behaupteten, die einzig Wahren zu sein. Hier gab es noch nicht mal eine Mitgliedschaft, auch keine Kirchensteuer, alles wurde nur durch freiwillige Spenden finanziert. Das hat mich schon beeindruckt. Und dann spielte die Band. Wie gesagt war es keine langweilige Kirchenmusik, sondern ein modernes Lied, und der Text hat mich ganz besonders berührt.

In den Tagen vorher hatte ich in der Klinik neben einem Mann gelegen, der wegen eines Tumors einen Lungenflügel entfernt bekommen sollte und schreckliche Angst davor hatte. Ich hatte nicht mehr mitbekommen, was aus ihm geworden war, weil ich die Klinik verlassen durfte, gerade als er in den OP gefahren wurde. Irgendwie musste ich an ihn denken, als es in dem Lied „For Your Glory" hieß, dass wir zu Gott singen, „till the lungs give up on us". Es wäre so gut zu wissen, dass es jemanden gibt, der auch noch da ist und uns hält, wenn unser Körper aufgibt, dachte ich.

Nach dem Gottesdienst hab ich mich also mit dem Pastor getroffen. Er machte einen guten Eindruck auf mich, wirkte wie ein ganz normaler Mensch, weder altmodisch noch langweilig, sondern fröhlich und innerlich frei.

Martin erzählte mir von seiner Frau, die auch Krebs gehabt hatte und wieder gesund geworden war. Zwar nicht ohne ärztliche Hilfe – ich weiß nicht mehr, ob sie operiert wurde oder auch eine Chemo hinter sich hatte. Das war mir auch egal. Aber sie war wieder gesund geworden, und Martin hat dafür gebetet, dass Gott auch bei mir eingreift. Er hat nichts versprochen oder Gott genötigt, mich zu heilen. Und er meinte, dass ich Gott auf jeden Fall finden würde, wenn ich wirklich ehrlich nach ihm suchen würde. Und das tat ich ja definitiv.

DER TRAUM VOM FLIEGEN

Abheben leicht gemacht

Über YouTube hatten wir Jakob kennengelernt. Ein junger Mann, der mit seinen lockigen Haaren und seinem lebensfrohen Lächeln einen netten Eindruck gemacht hat. Er war Pilot und hatte uns per Mail gefragt, ob wir Lust hätten, mit ihm zusammen ein Ultraleichtflugzeug zu bauen. Also so ein richtig großes Flugzeug, mit dem man selbst fliegen konnte. Dass das in Deutschland legal geht, hatten wir schon gehört, aber bisher wäre das für uns nie infrage gekommen, allein schon wegen der Kosten. Doch Jakob sagte, er würde alle Materialkosten übernehmen, wenn wir das Flugzeug bauen; gehören würde es nachher uns und wir dürften es immer fliegen, wann wir wollten.

Seitdem waren mehrere Monate vergangen. Ich hatte mit Jakob geskypt und ihm auch von meiner Krankheit erzählt, um ihm zu erklären, dass wir mit dem ganzen Projekt wohl noch etwas warten müssten.

Da hat er auf einmal angefangen, von Gott zu erzählen. Aber in so einer offenen und ehrlichen Art, wie ich es selten gehört hatte. Er erzählte, dass er in einem ähnlich streng religiösen Elternhaus aufgewachsen war wie ich, dass er danach lange nichts von Gott wissen wollte. Das war ein intelligenter Mann, ein Pilot mit viel Geld und einem guten Job in der Schweiz, der mich komplett verstanden und alle meine Probleme und Ängste akzeptiert hat. Wir haben lange geredet, mehrere Stunden. Er war keiner, der einen einfach nur von seiner Meinung überzeugen wollte, sondern jemand, der echte Erfahrungen mit Gott gemacht hatte und der wirklich sein Leben danach ausrichtete. Am liebsten wollte er mit dem Flugzeug, was wir gemeinsam bauen würden, nach Afrika fliegen, um dort Menschen zu helfen.

Unsere Begegnung war wieder so ein „Zufall", der sicher keiner war – das hat diesmal er gesagt. Genauso wenig wie es ein Zufall ist, dass es uns Menschen hier auf der Erde gibt. Das kam auch von Jakob. Und da musste ich ihm schon zustimmen. Es wäre doch so unlogisch, wenn es im ganzen unendlichen Weltall nur auf unserem Planeten Leben gäbe, obwohl es auf so vielen anderen Planeten möglich wäre. Vielleicht suchen die Wissenschaftler auch genau deshalb nach außerirdischen Lebensformen. Wenn es die nicht gäbe, wären wir schon ein Wunder. Das haben selbst bekannte Forscher zugegeben. Und wie das ganze Leben überhaupt entstanden ist, das allererste Leben, das weiß man bis heute nicht. Und man kann es auch nicht nachmachen. Weil das Leben eben von Gott selbst kommt, meinte Jakob.

Ich saß während des Skype-Gesprächs in dem Aufenthaltsraum im Krankenhaus, in dem ich auch schon vor vier Jahren gesessen hatte. Auf diesem kleinen bunten Sofa, etwas ungemütlich, aber hier war ich wenigstens halbwegs ungestört, im Gegensatz zu meinem Krankenzimmer, in dem jede Privatsphäre fehlte.

Was mich an Jakob besonders beeindruckt hat, war seine immer freundliche Art, immer hatte er ein Lächeln auf den Lippen, nie war er aus der Ruhe zu bringen. So eine positive Ausstrahlung hab ich wirklich selten gesehen. Er war überzeugt davon, dass alles irgendwo seinen Sinn hat und dass Gott keine Fehler macht. So hatte er einen inneren Frieden gefunden, den man ihm wirklich angesehen hat.

Jakob hat dann vorgeschlagen, mit seinem kleinen roten Flieger zu uns zu kommen und uns zu besuchen. Da waren wir natürlich sofort dabei! Wir hatten uns auf einem Segelflugplatz bei uns in der Nähe verabredet. Das ist ein unkontrollierter Flugplatz, und wenn niemand da ist, wie an diesem Abend, kann man dort eigentlich machen, was man will. Auch einfach mal rasch mit dem Ultraleichtflugzeug aus der Schweiz rüberfliegen und landen. Zwar nicht ganz legal, aber Jakob hat es einfach gemacht. Das war uns natürlich sehr sympathisch!

Wir hatten den Flieger festgebunden und dort stehen lassen. Ein etwas seltsames Gefühl hatten wir schon dabei, denn so ganz konnten wir uns auch nicht vorstellen, dass man in Deutschland einfach so überall landen kann. Aber er würde das sicher besser wissen.

Natürlich war es nicht okay gewesen, dort einfach so zu landen. Die ersten Piloten, die am nächsten Morgen die kleine Wiese hinter dem Vereinsheim vom Segelflugplatz betreten haben, werden sich sicher über diesen fremden Flieger gewundert haben. Jakob erklärte kurzerhand die Landung zu einer Notlandung, da es an diesem Abend doch früher dunkel geworden sei als gedacht. Damit war die Sache erstmal geregelt, aber hier durfte das Flugzeug auf jeden Fall nicht stehen bleiben, sondern Jakob musste es auf einen anderen Flugplatz nach Worms bringen. Und von dort aus flogen wir dann alle mal mit ihm.

Ich war schon mal mit so einer kleinen Maschine geflogen, als ich mit der ersten Chemo fertig war und im Schwarzwald eine Kur gemacht hatte. Da hatten Piloten krebskranke Kinder mitgenommen, um ihnen eine Freude zu machen, und ich konnte auch eine Runde in einem kleinen Hochdecker über den Schwarzwald drehen. Das war ein krasser Ausblick gewesen. Hoch über diesen Wäldern zu schweben ist ein unbeschreibliches Gefühl, nur der Lärm und das ständige Wackeln waren nicht so ohne. Die ältere nette Pilotin hatte mich damals auch selbst fliegen lassen, und es hatte mir mega viel Spaß gemacht, auch wenn mir dabei teilweise ziemlich schlecht geworden ist.

Das war jetzt also mein zweiter Flug. Ich hatte zwar noch Schmerzen von der OP, aber Jakob motivierte mich und versprach, nicht zu wild zu fliegen. Es hat mir einen Riesenspaß gemacht. Fliegen war schon immer unser Traum gewesen, und das Gefühl, da oben wie ein Vogel in der Luft zu schweben, ist einfach immer wieder unbeschreiblich. Diesmal ist mir auch kaum schlecht geworden.

Eigentlich wollten wir alle am Mittwoch nochmal fliegen, allerdings musste ich am Dienstag wegen einer Wundheilungsstörung wieder ins Krankenhaus. Meine OP-Narbe hatte sich entzündet und musste neu verbunden werden.

An diesem Tag habe ich mal wieder die Bibel zur Hand genommen und die Geschichte von Gideon gelesen. Gott hatte Gideon einen Auftrag gegeben, und Gideon hatte Gott nach einem Beweis gefragt, damit er ganz sicher sein konnte, dass es wirklich Gott war, der zu ihm spricht. Gott tut ihm den Gefallen, doch das reicht Gideon nicht, er bittet um ein zweites Zeichen. Eigentlich ziemlich dreist. Und trotzdem hat Gott seine Gebete gehört und ihm seine Zweifel genommen.

Genau so etwas wollte ich auch erleben. Genauso wie Gideon. Zumindest hat Gott anscheinend nichts gegen Zweifler oder Leute, die es ganz genau wissen wollen. *Wenn Gideon das durfte, darf ich das ja wohl auch.*

WENN DIE HÜTTE BRENNT, RUF DIE FEUERWEHR!

Gedankenspielereien zwischen Glauben und Wissen

Am Donnerstag, dem 8. März 2018, haben Anna und ich uns schon relativ früh getroffen. Den Tag erwähne ich so genau, weil es ein besonderes Datum ist. Wir sind an die Neckarwiese gegangen und ich hab nochmal so richtig ausgepackt mit meinen ganzen Zweifeln. Ich habe gemerkt, wie sie langsam keine Argumente mehr hatte und vielleicht sogar selbst etwas unsicher wurde.

Schließlich sagte sie, sie hätte Gott nun mal erlebt und da sei es ihr relativ egal, welche Widersprüche ich in der Bibel gefunden zu haben meinte. Ihr sei es egal, wie verkehrt sich alle Christen verhielten und dass es für mich allein deshalb eigentlich überhaupt keinen Gott geben kann.

Ich hielt dagegen: Das war doch alles nicht rational. Nur Gefühle und Annahmen. Das reichte mir einfach nicht. Ich bin zwar jemand, der gerne alles ausprobiert, aber nicht so was. Mir war klar, wie schnell man nur noch durch eine Brille schauen kann, wenn man erst mal an etwas glaubt, was man nicht sicher weiß. Und dann zu wissen meint, was man nicht weiß – sondern glaubt. Dann kann man nicht mehr zwischen Wahrheit und Einbildung, zwischen Wissen und Glauben unterscheiden. Dann kann man gar nicht mehr klar denken. So hatte ich es doch schon bei vielen beobachtet und das würde mir nicht passieren.

Das Gespräch hat mir nicht wirklich viel weitergeholfen. Ich war eher noch überzeugter, dass ich mit meiner Religionskritik richtig lag. Anna ist nach Hause gegangen und hat sich sicher auch nicht gerade gut gefühlt. Aber ihr zweifelhafter Gott hatte ihr ja auch keine schlagkräftigen Argumente gegeben, fand ich. Und überhaupt, warum war es so schwierig, Gott zu finden? Er will doch schließlich gefunden werden, dachte ich. Dann soll er doch das Versteckenspielen sein lassen. Also, meine Zweifel waren jetzt auf jeden Fall noch stärker als je zuvor.

Am Nachmittag sind meine Eltern ins Krankenhaus gekommen. Wir saßen im Besucherraum und haben geredet. Lange hat's nicht gedauert, da waren sie schon wieder dabei, drüber zu reden, wie wichtig es wäre, den Ruhetag und irgendwelche Gesetze zu halten, und was wir Kinder alles verkehrt machen. Das konnte ich gerade da echt nicht gebrauchen. Und auf einmal bin ich auf die Idee gekommen, sie zu fragen, warum sie das eigentlich alles glauben. Ich wollte ihre Argumente auseinandernehmen und deutlich machen, wie dumm das alles war.

Mein Vater ist sozusagen als „strenggläubiger Atheist" groß geworden (irgendwas glaubt ja schließlich jeder, auch wenn er es nicht zugibt). Eigentlich sind Atheisten doch sogar noch gläubigere Menschen als religiöse Menschen. Denn religiöse Menschen erleben immerhin etwas, spüren etwas, machen Erfahrungen und bauen darauf ihren Glauben. Eigentlich ist es doch viel einfacher, durch Hinweise auf eine mögliche Tatsache zu schließen, als durch fehlende Hinweise eine mögliche Tatsache zu verneinen.

Agnostiker dagegen konnte ich schon immer gut verstehen. Einfach weil es mir so ähnlich ging. Nicht zu wissen, was es gibt, ist eine Sache – abzustreiten, dass es etwas nicht gibt, nur weil man nicht weiß, ob es existiert, ist eine andere Sache.

Doch irgendwann hatte sich die Einstellung meines Vaters total verändert und er wurde vom Atheisten zum glühenden Christen. Wie war das gekommen? War es vielleicht einfach so, dass mein Vater früher genauso rebellisch war wie wir und einfach ganz gerne das Gegenteil von dem gemacht hat, was ihn gelehrt wurde? Aber das passt ja irgendwie auch nicht, sich auf der Suche nach Freiheit einem Gott unterzuordnen, den man noch nicht mal sehen kann. Dafür muss man doch was Krasses erlebt haben. So wie Gideon vielleicht?

Ich konnte mich noch vage daran erinnern, dass unsere Eltern uns früher einmal von den Sachen erzählt hatten, die sie mit Gott erlebt hatten. Damals hatte ich nicht so richtig zugehört. Jetzt wollte ich es genauer wissen. Warum und wie sind sie darauf gekommen, das zu glauben und so zu leben, wie sie es heute tun?

Meine Eltern haben sich kurz angeschaut und dann angefangen zu erzählen. Mein Vater berichtete, dass er einer jungen Frau beweisen wollte, dass es Gott nicht gibt, und deshalb mit in eine Gemeinde gekommen ist. Und dann vom Gegenteil überzeugt wurde. Und wie meine Eltern sich kennengelernt haben. Ich will das hier nicht alles wiedergeben, es sind ja ihre Geschichten und nicht meine. Aber es waren auf jeden Fall krasse Sachen.

Nach diesem Gespräch konnte ich manches bei meinen Eltern besser nachvollziehen, auch wenn ich nach wie vor nichts mit der Form des Glaubens anfangen konnte, die sie jetzt lebten. Aber ich schätze, darum geht es bei dem ganzen Thema „Akzeptanz" auch nicht, dass man alles gut findet, was der andere denkt und macht. Sondern dass man zuhört, warum und wie der andere zu seinen Standpunkten gekommen ist, und diesen Weg dann besser nachvollziehen und stehenlassen kann.

Ich glaube, ich klingej185

rscheinlich etwas überzeugter, als ich damals war. Sehr skeptisch hab ich ihnen zugehört. Schließlich wusste ich ja sehr genau, dass das alles letztlich zu einer Form des Glaubens und des Lebens geführt hatte, die mir absolut nicht verlockend vorkam. Und wer weiß, ob sie sich da nicht vieles nur eingebildet hatten. Und selbst wenn alles wirklich so passiert ist, kann mir keiner diese Erfahrungen weitergeben. Nein. Erfahrungen muss man eben selbst machen.

Das hab ich schon so oft gesagt: Erfahrungen mit Gott muss man selbst machen, die kann man nicht lernen. Ist zwar schön, zuzuhören, was andere einem erzählen, aber es ist eben was komplett anderes, als wenn man selbst etwas erlebt. So etwas wie bei Gideon – wenn das echt so passiert ist, warum passiert so etwas dann heute nicht mehr? Ist Gott einfach ganz anders, als wir ihn uns immer vorstellen?

Ich stell mir Gott so vor wie mich. Ja, genau. In der Bibel heißt es, wir sind nach seinem Bild geschaffen. Also, vielleicht kann man es sich so vorstellen, wie wenn ich ein Computerspiel programmieren würde, so eine richtig schöne Welt, mit kleinen Menschen drauf und vielen Tieren. Und diese Menschen bekommen alle einen Charakter und einen eigenen Willen. Ein bisschen vielleicht wie die Sims, nur viel komplexer und interessanter. Und mit besserer Grafik. Und dann laufen sie rum und machen alles Mögliche. Ich kann auf meinem Stuhl sitzen vor dem Computer und den Figuren zuschauen, die ich geschaffen habe. Ich kann in der Zeit vor- und zurückgehen, ich kann reinzoomen und sehen, warum jeder gerade das tut, was er tut.

Und ich könnte natürlich auch alles verändern. Aber ich will ihnen ihren freien Willen lassen. Und ich kann mich ihnen auch nicht zeigen. Ich sitze ja draußen vorm Bildschirm. Von dieser dritten Dimension wissen die Figuren nichts, dieses Real Life existiert für sie nicht. Die sind alle im Bildschirm gefangen. Doch wenn einer von ihnen mehr wissen will, dann nehm ich seine ganze Persönlichkeit, also sein ganzes programmiertes Wesen, und steck es in einen Roboter, der aussieht wie ein Mensch. Und dieser „Avatar" kann dann mit mir im Real Life leben und diese ganzen Menschen mit mir beobachten. Und mir helfen und mit mir unterwegs sein.

Aber solange die Menschen nur in dieser virtuellen Welt existieren, können sie niemals begreifen, sich niemals vorstellen, wie ich bin, wo ich bin und wer ich bin. Vielleicht können sie ahnen, dass alles von jemandem programmiert wurde. Dass irgendeine höhere Intelligenz alles designt hat. Und vielleicht können sie auch ab und zu „Wunder" erleben, wenn ich gerade Lust habe, im Quellcode herumzufuschen.

Vielleicht ist es ja so ähnlich mit Gott. Jesus wäre dann meine Spielfigur, also quasi ich, nur in Form eines Spielers in der virtuellen Welt. Deshalb konnte er auch Wunder tun, einfach weil ich hinter ihm stehe beziehungsweise in ihm existiere und jederzeit im Quellcode herumspielen kann, wenn die Menschen mir nicht glauben, dass ich dieses ganze Spiel programmiert habe. Vielleicht ließe sich so auch die Frage klären, wie Jesus auf der Erde gleichzeitig Gott im Himmel sein kann. Ja, ich weiß, das ist nicht richtig logisch, sicher ist das alles komplizierter, und vielleicht ist dieser Vergleich auch ein bisschen schwachsinnig.

Aber als meine Eltern gegangen waren und ich wieder in meinem Bett lag und mir Gedanken über diese Computersimulation machte, habe ich auf Facebook einen Beitrag gesehen über Zwillinge, die sich im Bauch der Mutter unterhalten. Sie diskutieren darüber, ob es ein „Leben nach der Geburt" gibt:

126

„Sag' mal, glaubst du eigentlich an ein Leben nach der Geburt?", fragt der eine Zwilling.

„Ja, auf jeden Fall! Hier drinnen wachsen wir und werden für das vorbereitet, was draußen kommen wird", antwortet der andere Zwilling.

„Ich glaube, das ist Blödsinn!", sagt der erste. „Es kann kein Leben nach der Geburt geben – wie sollte das denn bitteschön aussehen?"

„So ganz genau weiß ich das auch nicht. Aber es wird sicher viel heller sein als hier. Und vielleicht werden wir herumlaufen und mit dem Mund essen?"

„So einen Unsinn habe ich ja noch nie gehört! Mit dem Mund essen, was für eine verrückte Idee. Es gibt doch die Nabelschnur, die uns ernährt. Und wie willst du herumlaufen? Dafür ist die Nabelschnur viel zu kurz."

„Doch, es geht bestimmt. Es wird eben alles nur ein bisschen anders."

„Du spinnst! Es ist noch nie einer zurückgekommen nach der Geburt. Mit der Geburt ist das Leben zu Ende, Punktum."

„Ich gebe ja zu, dass keiner weiß, wie das Leben nach der Geburt aussehen wird. Aber ich weiß, dass wir dann unsere Mutter sehen werden, und sie wird für uns sorgen."

„Mutter???? Du glaubst doch wohl nicht an eine Mutter? Wo ist sie denn bitte?"

„Na, hier – überall um uns herum. Wir sind und leben in ihr und durch sie. Ohne sie könnten wir gar nicht sein!"

„Quatsch! Von einer Mutter habe ich noch nie etwas bemerkt, also gibt es sie auch nicht."

„Doch, manchmal, wenn wir ganz still sind, kannst du sie singen hören. Oder spüren, wenn sie unsere Welt streichelt."

(Henri J. M. Nouwen)

Irgendwie hat mich diese Geschichte angesprochen. Es schien mir Sinn zu machen, dass Gott größer ist, als wir es uns jemals vorstellen können, dass er außerhalb von Raum und Zeit lebt und mit unseren logischen Gedanken nicht ganz zu begreifen ist. Vorausgesetzt, dass es ihn gibt. Aber falls es ihn gab, wollte ich nicht der Zwilling sein, der seine Existenz einfach aus Mangel an Beweisen abstritt. Ich wollte genau hinhören, lauschen, ob ich vielleicht die Stimme der Mutter hören konnte.

Oder war Gott wie die Feuerwehr? War das ein sinnvoller Vergleich? Dieses Bild ist mir gekommen, als hier ganz in der Nähe ein Haus brannte. Die Feuerwehr hatte Probleme, es zu löschen, da die Zufahrtswege zu eng und von parkenden Autos versperrt waren. Abends brannte das Haus dann nochmal. Irgendwann kam die Feuerwehr durch. Aber da war es schon zu spät. Nur noch ein rauchender Haufen Asche ist übriggeblieben.

Wenn Gott in meinem Gedankenexperiment die Feuerwehr wäre, sollte man die Nichtexistenz der Feuerwehr wohl besser nicht damit beweisen wollen, dass man sie nicht sieht und nicht erlebt, weil man die Zufahrtsstraße zu seinem Haus blockiert hat. Solange das Haus nicht brennt, braucht man sie auch nicht unbedingt. Wenn es dann aber brennt und die Feuerwehr das Haus nicht erreichen kann, sollte man vielleicht eher die Straße freiräumen, als darüber zu reden, wie unsinnig der Glauben an die Feuerwehr ist.

Wenn man Zweifel an ihrer Existenz hat, wäre es vielleicht schlau, dort mal anzurufen und zu schauen, ob jemand rangeht, oder hinzugehen und nachzuschauen, statt überall anders nach Löschwagen zu suchen. Das haben Feuerbach und Kant und die ganzen großen Religionskritiker wohl leider vergessen.

Wenn einem das zu riskant ist, kann man sich natürlich auch einen Hausbrand anderswo anschauen und überprüfen, ob es eine Feuerwehr gibt, die Brände löscht, wenn die Wege frei sind. Und wenn das so ist, würde ich den Weg freiräumen, anstatt Gründe zu suchen, warum die Feuerwehr vielleicht doch nur ein zufällig vorbeifahrender Güllewagen war, der nur aussah wie ein Löschzug.

Oder man schaut sich ein Haus an, dessen Zufahrt blockiert ist und das abbrennt, ohne dass die Feuerwehr eingreift. Das kann schockieren, sollte aber auch kein Grund sein, auf die Nichtexistenz der Feuerwehr zu schließen.

Man kann sich auch selbst einen Wassertank anschaffen und hoffen, dass er reicht, wenn's mal brennt. Ich kenne aber niemanden hier im Ort, der das gemacht hätte – wo wir schon von Vernunft reden. Ein anderer Weg wäre, nach einem alternativen Feuerwehrersatz zu suchen und zum Beispiel doch einen Güllewagen zu finden, der vielleicht sogar manche Brände löschen kann, aber eventuell etwas unangenehme Nebenwirkungen hat und am Ende nicht mit dem Eingreifen der Feuerwehr zu vergleichen ist.

Bei mir brannte es jetzt auf jeden Fall. Also, falls es eine Feuerwehr gäbe, wollte ich die definitiv zu Hilfe rufen und alle Wege freiräumen!

Vielleicht ging es mir ja wie diesem Haus. Da war die Feuerwehr ja schon mal gewesen, hat aber nicht alles löschen können, und dann ist das Feuer wieder aufgeflammt. Bei meinem letzten Tumor hatte ich Gott angerufen. Und er hatte zumindest meine psychischen Brände gelöscht, meine Ängste und Fragen beantwortet.

Vielleicht sollte ich ihn nochmal anrufen. Aber was war seine Telefonnummer? Irgendwo hatte ich mal davon gehört: 50–15. Das war eine Bibelstelle aus den Psalmen, Psalm 50,15: „Wenn du keinen Ausweg mehr siehst, dann rufe mich zu Hilfe! Ich will dich retten, und du sollst mich preisen."

Okay. Die Voraussetzungen waren definitiv erfüllt. Einen Ausweg sah ich jetzt nicht mehr.

Und ich wollte gern gerettet werden. Am besten natürlich durch die sofortige Heilung.

Wie auch immer, ich nahm mir vor, meine Ohren aufzumachen, leise zu sein, auf seine Stimme zu hören, wenn man sie denn tatsächlich hören konnte. Auf Hinweise zu achten. Und dann würde von mir hoffentlich nicht nur ein kleiner Haufen Asche übrigbleiben, wie ich es bei diesem Haus gesehen hatte.

Aber war ich noch früh genug dran? Konnte die Feuerwehr mein Haus jetzt noch löschen? Es stand doch schon im Vollbrand. Laut den Ärzten würde ich in drei Monaten tot sein, wenn ich keine Chemo machte. Und trotzdem schien mir die Chemo keine geeignete Feuerwehr zu sein, so sehr ich die Mühen und Anstrengungen aller Ärzte schätze. Die Chemo klang für mich eher nach diesem Güllewagen, der zwar auch Brandherde löschen kann, aber mit allerhand ekligen Nebenwirkungen. Die Gülle aus diesem Wagen war nicht nur giftig, anscheinend konnte sie das Feuer auch nicht endgültig löschen. Zumindest bei mir nicht.

Ich brauchte keinen Güllewagen. Ich brauchte eine richtige Feuerwehr und einen Architekten mit einem ganzen Handwerkerteam, damit nicht nur der Brand gelöscht wird, sondern das Gebäude auch wieder neu aufgebaut werden kann!

Diesmal sollte nicht nur der psychische Brand gelöscht werden, die Angst und die Zweifel, diesmal sollte Gott ganze Arbeit leisten, den Tumor komplett beseitigen. Und obendrauf bitte noch Feuer vom Himmel fallen lassen. Ich weiß, das passt jetzt nicht so ganz in die Geschichte der Feuerwehr, aber wenn Gott wirklich Gott ist, dann kann er nicht nur Feuer löschen, sondern auch ganz neu entzünden.

Brände zu löschen fand ich noch nie wirklich spannend. Brände auszulösen dagegen schon; Raketen zu bauen, Explosionen zu

zünden. Das war schon eher meine Welt. Vielleicht ist mein Retter
ja nicht nur Feuerwehrmann, sondern nebenbei auch noch begeis-
terter Pyrotechniker. Das wäre mir ganz sympathisch. Und wenn
Gott früher so drauf war, warum nicht auch noch heute?

WENN EIN KLEINER SATZ
ALLES VERÄNDERT

Eine Antwort aus der Vergangenheit

Ich wollte mich etwas bewegen. Am liebsten den Sonnenuntergang vom Berg aus anschauen, wie auch schon in den letzten Tagen. Dazu musste ich nur ein paar hundert Meter weit gehen. Ich durfte das Krankenhauszimmer eigentlich nicht verlassen, aber das hat diesen Drang, raus in die Freiheit zu gehen, nur noch verstärkt.

Die letzten Tage hatte ich auch dort oben gesessen, am Ende der Straße, wo der kleine Fußweg in die Weinberge führt. Hier war die Luft frisch und sauber, hier roch es nicht nach Desinfektionsmittel. Hier leuchtete der Himmel in den schönsten Farben, im Gegensatz zu der weißen Zimmerdecke und dem grauen Ausblick aus meinem Fenster.

Irgendwie waren es diese Momente, die mir immer wieder ein wenig Kraft gegeben hatten und mich an die Schönheit des Lebens, an die Schönheit der Natur und ihre Vielfältigkeit erinnert haben. Es gab noch so viel zu entdecken, so viele Menschen, die ich noch nicht kannte, so viele Abenteuer, die noch auf mich warteten. Es ist nicht meine Art, vom Unmöglichen nur zu träumen. Ich will das Unmögliche umsetzen! Aber manchmal hilft einem das Träumen dann doch, in den Momenten, in denen man nicht aufstehen kann, wo man nicht anpacken kann, wo man nicht das tun kann, was man gerne tun würde.

Doch an diesem Tag war es irgendwie anders. Ich hatte wieder starke Schmerzen beim Laufen und hätte heulen können. Ich hab mich gefühlt wie ein alter Mann, der versucht, den Berg hoch zu laufen, es aber nicht schafft.

Die Leute, denen ich unterwegs begegnete, haben mich alle so komisch angeguckt. Wahrscheinlich sah ich aus wie einer aus *The Walking Dead*. Außerdem hingen da noch die Schläuche an meinem Arm. Wahrscheinlich wirkte ich wie ein Gefangener, der aus dem Gefängnis geflohen war. Und irgendwie war ich das ja auch. Ich sah jedenfalls aus wie jemand, der nicht dorthin gehörte. Man zeigt sich doch nur draußen, wenn es einem gut geht, wenn man gepflegt aussieht, wenn man seine Maske aufsetzt und so schaut, als sei alles in Ordnung. Das ging nun nicht mehr, aber es war mir egal. Dieser kleine Spaziergang war mir wichtig und den wollte ich mir nicht nehmen lassen.

Doch nach einer Weile ging mir komplett die Kraft aus. Ich brauchte eine Pause, ich musste mich dringend hinsetzen oder, besser noch, hinlegen. In der Nähe sah ich diese Kirche, an der ich schon ein paar Mal vorbeigelaufen war. Erst jetzt entdeckte ich einen kleinen Weg, der zu ihr hoch führte. Irgendwas hat mich da hingezogen.

Aber eine große alte Stahltür hat den Weg versperrt. Tja – genau so ging es mir ja auch sonst: als sei da eine undurchdringbare Tür zwischen mir und Gott. So eine Mauer, über die man nicht schauen kann. Es gab wahrscheinlich Menschen, die den Schlüssel zu dieser Tür hatten, und wenn sie erst dahinter waren, konnten sie alles in völliger Klarheit sehen. Dann konnten sie Gott sehen und erleben. Aber ich konnte das eben nicht, genau so wenig, wie ich jetzt durch diese Tür schauen konnte.

Ich habe mich zu diesem Tor geschleppt und daran gerüttelt. Ich hatte auch gar keine andere Wahl, ich fühlte mich so, als könnte ich jeden Moment zusammenbrechen oder sogar einfach tot umfallen, und ich musste mich an irgendwas festhalten. Es sah zwar absolut nicht danach aus, aber das Tor ging auf! Man brauchte gar keinen Schlüssel, das Tor war offen, der Weg war frei!

Ich konnte auf jeden Fall sicher sein, dass ich da allein war. Niemand sonst würde auf die Idee kommen, durch dieses alte Tor hoch zu dieser Kirche zu laufen. Die Kirche selbst war auch tatsächlich abgeschlossen. Aber davor stand eine Bank. Es war draußen schon etwas kühl geworden, aber nicht zu kühl, es war ein schöner Abend. Ich hab mich auf die Bank gelegt und erst mal die Augen zugemacht. Es kam mir nicht unwahrscheinlich vor, dass es jetzt jeden Moment vorbei sein könnte mit mir.

Da lag ich also vor einer Kirche auf der Bank und hab gedacht: *Warum kannst du, Gott, nicht mal kurz zu mir sprechen, wenn du das früher doch immer gemacht hast? Warum versteckst du dich so? Bist du nicht derselbe wie vor tausend Jahren?*

Und da machte ich die Augen auf. Über mir war der blaue Himmel, bald würde er wieder in den verschiedensten Farben leuchten. Konnte sich Gott mir jetzt nicht zeigen? Einmal diese Wolken beiseiteschieben, diese Tür aufmachen und mir Hallo sagen?

In diesem Moment fiel mein Blick auf den Schriftzug, der direkt über mir, über der Tür von der Kirche angebracht war. Vorher war er mir nicht aufgefallen, obwohl er echt groß und unübersehbar war. In einem Rahmen stand ein Bibelvers: *Jesus Christus ist derselbe, gestern, heute und in Ewigkeit.* Oder stand da sogar:

Ich bin derselbe, gestern, heute und in Ewigkeit.

In diesem Moment fühlte es sich für mich so an, als würde Gott gerade zu mir herunterschauen, mich auf der Bank liegen sehen, meine Frage gehört haben und zu mir sagen: „Hallo, ich hab dich gehört und ja, ich bin immer noch derselbe. Du musst nur mal hinhören, wenn ich mit dir rede. Du musst einfach mal hinschauen, wenn ich mich dir zeige. DU musst mich auch sehen wollen!"

Es war als ob ein Schleier von meinen Augen weggezogen wurde. Ich musste echt lachen vor Freude und hab zu Gott gesagt, dass es mir wirklich leid tut, dass ich ihn so lange ausgeblendet habe, ihn vielleicht einfach nicht sehen wollte. Das vergesse ich nie. Das war so ein übernatürliches Gefühl. Beschreiben kann ich's aber auch nicht. Das kann man niemandem erklären, der es nicht selbst erlebt hat. Das ist wie der Geruch von frisch gemähtem Gras, den kann man auch nicht beschreiben, wenn man ihn noch nie gerochen hat. Vielleicht kommen die Schmetterlinge im Bauch, wenn man frisch verliebt ist, diesem Gefühl am nächsten. Das Gefühl unendlicher, bedingungsloser Liebe. So eine Liebe kannte ich bisher nicht. Nein, bei Menschen wird immer eine gewisse Angst mitspielen, nicht mehr geliebt zu werden. Ein Mensch wird einem auch nie hundertprozentige, bedingungslose Liebe entgegenbringen können. Was war das für ein Gott, der mich immer noch liebte, nachdem ich so oft weggelaufen war? Und warum konnte ich diese Liebe auf einmal fühlen? War ich jetzt komplett durchgedreht? Oder war das diese Liebe, von der so oft in der Bibel die Rede ist?

Auf jeden Fall lag ich da sicher eine Stunde. Ich hab ihm gesagt, dass ich jetzt immer zuhören will und ihm glaube. Denn dass dieser Satz genau hier stand – genauso hätte ich es wahrscheinlich auch gemacht, wenn ich in meiner Computer-Simulation Gott wäre und jemanden wissen lassen wollte, dass ich da bin. Ich hätte die Zeit schnell zurückgespult und hunderte von Jahren zuvor einem Maler oder dem Pfarrer den Gedanken gegeben, dass genau dieser Vers doch ein schöner Vers für die Eingangstür seiner Kirche sei. Dann hätte ich wieder vorgespult, diesem verzweifelten Menschen genau in diesem Augenblick das Tor zu dieser Kirche geöffnet und ihm meinen Bibelvers gezeigt. Eine Minute nachdem er gefragt hatte, ob ich derselbe sei wie früher. Ja, ich hätte es wahrscheinlich nicht besser inszenieren können.

Im Krankenhaus hatte tatsächlich niemand bemerkt, dass ich so lange gefehlt hatte. Ich hab meine Schläuche schnell wieder an die Infusionspumpe mit dem Schmerzmittel gehängt und auf Start gedrückt.

Und dann war dieses Gefühl nicht mehr da. Ich bin jemand, der immer sehr logisch denkt, auch wenn sich das gerade nicht so angehört hat. Jetzt war ich auf jeden Fall wieder etwas geerdet. Eben, da oben auf der Bank, als es fast so aussah, als wäre es das jetzt gewesen mit mir, da hatte ich natürlich seltsame Gedanken gehabt. Vielleicht kam daher auch dieses unbeschreibliche Gefühl – weil es ein Ausnahmezustand gewesen war? Ich hatte wirklich Schwierigkeiten, das Erlebnis einzuordnen.

Ein bisschen war das gerade alles wie in einem Traum gewesen, dachte ich. Und am Ende war es eben doch nur ein kleiner Bibelvers gewesen, ein kleiner Zufall. Oder war das der Grund, warum die Bibel von so vielen Menschen als lebendiges Buch bezeichnet wird?

Mein Handy hatte ich im Krankenhaus gelassen, und jetzt hab ich wieder drauf geguckt. Samuel hatte mir geschrieben. Ein Freund, mit dem ich schon seit bestimmt zwei Jahren keinen Kontakt mehr gehabt hatte. Er war damals in der Kur gewesen, als ich das erste Mal Krebs hatte. In dieser Kur, in der mein Zimmernachbar den Kampf gegen den Krebs verloren hat. Samuel hatte auch an Gott geglaubt, das wusste ich. Und jetzt schrieb er mir, ganz genau in diesem Moment. Er war einer der wenigen, denen ich meine Erfahrungen mit Gott während der ersten Chemo anvertraut hatte. Er hatte mir ein Video geschickt, das ich mir runtergeladen und angeschaut habe:

Poetry-Slam – Zweifel

Google – definier mir Zweifel.
Zweifel – Ungewissheit, ob etwas wahr oder richtig ist.
Wer ist Gott? Wo ist Gott? Warum schweigt Gott?
Zweifel nagen an dir von innen, sie fressen dich.
Standest du gerade noch im Licht,
stehst du nun im Dunkel und zitterst bitterlich.
Zweifel kriegen dich.
Sie packen dich an der schwächsten Stelle,
überschwemmen deine Seele wie eine Welle.
Zweifel sind das Meisterwerk des Teufels.
Mit ihnen lockt er seine Beute.
Mit ihnen macht er Opfer aus Leuten, die eben noch mitten
im Glauben standen.
Und die Menschen sagen: „Es gibt nur Schicksal"
Und du fängst an, dich zu wundern.
Kann ja sein.
„Vielleicht ist es auch nur Zufall."
Vielleicht ist es nur Zufall,
dass die Erde sich um die Sonne dreht.
Dass der Wind grad weht, dass ein Zusammenhang
zwischen Mond und Meer besteht.
Vielleicht ist es nur Zufall, dass der Mensch lebt.
Dass er seit Tausenden Jahren täglich Wunder erlebt –
und sie selbst nicht sieht.
Ich glaube nicht an Zufall.
Das, an was ich glaube, nennt sich Führung.
Es ist wie eine Berührung mit der göttlichen Welt,
mit der alles steht und fällt.
Gott schuf den Boden, auf dem du gehst,
die Beine, auf denen du stehst.

Er hat Billiarden von Synapsen
in deinem Gehirn mit Hand verlegt,
hat die größten Krisen und Kriege miterlebt.
Er ist unfassbar, ist so unendlich groß,
doch macht sich für dich fassbar und schickt Engel los.
Ein Gott der Dimensionen sprengt.
Aber du bist abgelenkt.
Abgelenkt vom Schöpfer durch seine eigene Schöpfung.
Und du fragst mich:
„Aber wo ist er dann?"
„Wie kommt es, dass ich ihn nicht hören kann?"
„Woran liegt es, dass ich ihn nicht sehen kann?"
„Warum kommt er nicht näher an diese Welt heran,
als lägen wir alle unter seinem Bann
an diesem Ort gefangen?"
„Warum fangen Kriege an?"
Und ich sag dir, dass ich dich verstehe
und dass ich manchmal auch denke
dass ich ihn nicht höre und nicht sehe.
Aber Gott ist nicht stumm – während der Mensch manchmal
taub ist.
Gott ist nicht still – während der Mensch einfach zu laut ist.
Gott ist nicht leise, sondern weise, und während wir denken,
wir wären gefangen, nimmt er uns mit auf seine Reise.
Und vielleicht ist Gottes Schweigen
zeitweise effektiver als Gottes Schreien.
Gott ist niemals nicht da,
doch manchmal wirkt er unscheinbar
und stellt sich dann in Wundern dar.
Aber dann ist da die Sache mit dem Krieg.
Das Leid, das uns besiegt und es nicht möglich macht,
dass man Zweifel aus unseren Herzen schiebt.

Krankheit,
Hunger,
Schmerz,
ein gebrochenes Herz.
Und da sind sie dann, die Spötter:
„Ich seh hier keinen Gott und keine Götter."
„Wo ist dein Gott?"
Und das ist schwer zu erklären.
Dafür müsste Gott uns Einblick in seine Pläne gewähren.
Aber Gott ist da.
Er hat uns einen freien Willen gegeben,
auf dass er uns nicht beherrsche, sondern belehre.
Gott ist kein Mörder, sondern ein Heiler,
und der Mensch ist ein Schüler,
ein Kind und ein Zweifler.
Und Menschen mögen keine Lehren,
und Menschen hassen auf die Weise des Teufels.
Und Gott steht daneben und verzweifelt.
Während er immer und immer wieder
auf die Lösung der Liebe zeigt,
aber niemand hört ihm zu, denn alle sind im Streit.
Aber das heißt nicht, dass Gott schweigt…
(…)
Freier Wille: in einem fachübergreifenden Sinne
gehört zur Willensfreiheit
die subjektiv empfundene menschliche Fähigkeit,
bei verschiedenen Wahlmöglichkeiten
eine bewusste Entscheidung treffen zu können. ( )
So wurde es mir gerade bei Wikipedia angezeigt.
„Wo ist dein Gott?"
Mein Gott steckt im Detail.
Im ersten und im letzten Sonnenstrahl.

In den Farben des Himmels und in den Tiefen des Meeres.
In der Unendlichkeit des Weltalls und in allen Atmosphären.
Er existiert im Wunder des Lebens und darüber hinaus.
Du bist ein Kunstwerk aus der Hand
des größten Künstlers unserer Zeit.
Jeder Zeit.
Weltweit Milliarden von Menschen, die er auswendig kennt.
Planeten, die er wie Bilder aufhängt.
Schritte, die er lenkt, und Tage, die er schenkt.
Er steckt im Lachen jedes Kindes
und in der Liebe jeder Mutter.
Und bestimmt zu 100 Prozent ist er gerade auch hier
direkt bei dir.

Google – definier mir Schöpfer:
Schöpfer (der) – 1. jmd., der etwas Wichtiges geschaffen hat.
2. GOTT.[5]

Dieser Poetry-Slam war so gut und passend zu meinen Zweifeln, die sich in diesem Moment wieder angeschlichen haben. Und er war logisch aufgebaut. Warum schickt Samuel mir das genau in diesem Moment? Wir hatten zwei Jahre keinen Kontakt mehr gehabt!

Ich wusste gar nicht, was ich jetzt tun sollte, aber ich hab Gott erst mal gesagt, dass es mir leid tut, dass ich ihm die ganze Zeit nicht geglaubt hatte. Die ganze Zeit, seit er das erste Mal zu mir gesprochen hatte vor vier Jahren. Irgendwo in der Bibel, ich glaube bei Hiob, heißt es, dass Gott zwei- oder dreimal im Leben zu den Menschen spricht, auf ganz unterschiedliche Art, und wir ihn nur nicht hören können. Oder wollen. Vielleicht ist das ja wirklich so und das war das zweite Mal. Oder das dritte Mal, und einmal hab ich nicht zugehört. Oder wollte nicht zuhören.

Und ganz ehrlich, ich kann ihn da auch verstehen. Wenn ich vor meinem Bildschirm sitzen würde und diese ganzen Menschen würden einfach nicht auf mich hören, ich glaub, ich würde nur einmal zu ihnen sprechen. Also, ihnen einmal ein Zeichen geben oder einmal genau so zu ihnen sprechen, wie es jeder gerade braucht und verstehen kann. Wenn sie dann nicht reagieren, würde ich es gut sein lassen. Und selbst damit hätte ich viel zu tun.

Aber Gott ist eben anders. Ich wüsste mal gerne, wie er den Vergleich findet mit dem Computerspiel. Ich glaub, er ist auf jeden Fall viel geduldiger als ich. Vor allem mit mir. Er hat immer weiter geredet, auch wenn es vielleicht diese ganze Krebserfahrung gebraucht hat, um mir zu zeigen, dass er da ist, um mich nochmal daran zu erinnern, dass er die ganze Zeit da war, das erste Mal. Und dass ich ihn einfach so vergessen hab.

Eins hab ich da nochmal gemerkt: Glaube bleibt eben doch Glaube. Deshalb heißt es auch glauben und nicht wissen. Für mich war es jetzt trotzdem klar. Ich wollte glauben, egal, was kommt. Durch diese ganzen Zufälle, die insgesamt auf einmal Sinn gemacht haben, hatte ich fast das Gefühl, dass es sogar ein bisschen Wissen war und nicht nur Glaube. Ich wollte – und KONNTE – jetzt glauben. Obwohl kein Feuer vom Himmel gefallen war. Noch nicht.

Aber mein Glaube hatte ein Fundament bekommen. Nicht nur durch dieses Erlebnis. Irgendwie war es, als hätte der Himmel die Erde berührt. In dem Moment, in dem ich mich darauf eingelassen habe. So wie es im Psalm 50,15 steht. Ich hatte Gott angerufen, und er hat mir geantwortet. Nicht, weil ich es verdient hätte, sondern einfach aus Liebe. Das hatte er schon einmal gemacht, und trotzdem war ich wieder weggerannt.

Da gibt es diese Geschichte in der Bibel, in dem der Sohn seinen Vater verlässt, sein ganzes Erbe, das Geld seines Vaters verschwendet und am Ende nichts mehr hat. Dann kommt er zurückgekrochen zu seinem Elternhaus. Er fühlt sich nicht mehr wert, als Sohn zu gelten. Zu viel hat er angerichtet. Zu viel verbockt. Und trotzdem steht da sein Vater. Er wartet schon auf ihn und nimmt ihn in den Arm, so dreckig, wie er ist. Er vergibt ihm alles.

So habe ich mich gefühlt. Als hätte mich dieser übernatürliche Vater in den Arm genommen und mir seine Liebe gezeigt. Genau da, auf dieser Bank, vor dieser Kirche.

ABGESTÜRZT

Der schlimmste Tag unseres Lebens

Am nächsten Tag, dem Freitagabend, konnte ich endlich wieder nach Hause. Unter der Voraussetzung, dass sich ab jetzt ein Pflegedienst um meine Wunde kümmern würde, war ich entlassen worden. Ich war schon ziemlich erleichtert und hab mich natürlich ganz besonders aufs Fliegen gefreut! Und außerdem wollte ich am Sonntag nochmal mit Anna in die Gemeinde nach Karlsruhe gehen. Der Pastor, Martin, wollte sich nochmal Zeit nehmen und mir meine Fragen beantworten, die ich ihm vorher per Mail geschrieben hatte. Jetzt hatte sich aber alles geändert, und ich wusste ehrlich gesagt gar nicht, was ich jetzt noch so viel mit ihm besprechen sollte. Außerdem wollte ich noch niemandem von meinem Erlebnis und meiner Entscheidung erzählen.

Zu Hause kam natürlich wieder alles anders. Kaum war ich da, ging es schon wieder los zwischen meinen Eltern. Mein Vater, der alle möglichen Sachen sammelt, hatte irgendetwas mit nach Hause gebracht, was meine Mutter nicht wollte. Wir saßen also am Abendessenstisch und es wurde schon wieder gestritten. Jakob, der Pilot, saß mit am Tisch und versuchte so gut er konnte zu vermitteln. Er hatte diese liebenswürdige Art, er griff niemanden an, und trotzdem war er klar und deutlich und traf mit seinen Aussagen den Nagel auf den Kopf.

Normalerweise ist meine Schwester an solchen Tagen immer direkt aufgestanden, wenn sie fertig mit Essen war, und hoch in ihr Zimmer gegangen. Irgendwie war es auch völlig sinnlos, da mit meinen Eltern zu diskutieren, geändert hatte das noch nie was. Trotzdem hab ich mit meinem Bruder zusammen versucht, irgendeine Lösung zu finden, und es ist wieder spät geworden.

An diesem Abend ist Elli nicht in ihr Zimmer gegangen wie sonst. Sie hat einfach ihre Gitarre genommen, hat sich rüber ins Wohnzimmer gesetzt und den ganzen Abend leise gespielt, bis wir irgendwann um Mitternacht endlich ins Bett gegangen sind.

Anna hatte ich auch noch nichts von meinem Erlebnis an der Kirche erzählt. Ich wollte es ihr persönlich sagen, aber vor allem wollte ich das nicht in eine Schublade stecken und so etwas sagen wie: „Das war meine Bekehrung" oder dass ich jetzt ein religiöser Mensch geworden bin.

Und dann kam der 10. März 2018. Der Samstag, an dem sich so vieles bei uns verändern sollte.

Es war ein schöner Tag. Wir hatten alle zusammen gefrühstückt, das Wetter war perfekt für den Flug am Nachmittag. Eric, Elli und Luna wollten auch mal mitfliegen. Anna war an dem Tag auf einer Hochzeit eingeladen, auf der sie auch singen wollte. Das ging natürlich vor.

Am Flieger war beim letzten Flug der Krümmer gerissen. Mein Bruder hatte darauf bestanden, ihn schweißen zu lassen, und wollte ihn heute wieder einbauen. Es lag nicht daran, aber irgendwie hatte er schon den ganzen Tag ein ungutes Gefühl, wie er mir später erzählt hat.

Unsere Mutter hatte am Abend zuvor noch gemeint, dass wir nicht fliegen sollten, da das doch nicht zum Ruhetag passen würde. Aber als sie das schöne Wetter an diesem Morgen sah, meinte sie, wenn wir fliegen wollten, hätten wir ihr Okay dazu.

Ich war noch nicht ganz fit und wollte nachkommen. Eric und Jakob würden schon mal den Krümmer austauschen und einen Probeflug machen, und ich würde dann später mit Elli und Luna dazustoßen. So haben wir es auch gemacht.

Als ich angekommen bin, ist Jakob gerade gelandet, der Flieger war repariert. Eric war auch schon geflogen, und alles war perfekt für uns vorbereitet. Wir hatten schon im Auto diskutiert, wer als Erstes fliegen würde. Eigentlich wäre es logisch gewesen, dass ich fliege und direkt wieder mit Eric nach Hause fahre, um mich danach noch ein bisschen zu erholen.

Ich kann nicht sagen, warum, aber an diesem Tag war ich überhaupt nicht scharf darauf zu fliegen. Nicht weil ich Angst hatte oder weil es mir letztes Mal etwas schlecht geworden war bei den steilen Kurven. Irgendwie hatte ich ein blödes Gefühl und hatte schon im Auto das Wetter gecheckt und zu den anderen gesagt, dass es nicht so toll werden würde.

„Vielleicht sollten wir den Flug doch verschieben", hatte ich noch zu den anderen gesagt. Aber wir waren ja schon am Flugplatz und Luna war fest entschlossen, das heute durchzuziehen, bevor es gar nichts mehr werden würde, bevor Jakob wieder wegmusste. Elli war auch schon ganz aufgeregt und wollte unbedingt fliegen. Das erste Mal in so einer kleinen Maschine.

Auf jeden Fall war ich überhaupt nicht böse darum, dass Elli und Luna jetzt untereinander ausmachten, wer als Erstes fliegen würde. Luna ließ Elli den Vortritt, ich glaub einfach, weil Elli sich schon so darauf gefreut hatte und es gar nicht mehr abwarten konnte.

Zu Hause hatten wir an den Abenden davor mit Jakob und Elli oft Flugsimulator gespielt. Das Fliegen hat ihr wirklich großen Spaß gemacht. Sie ist oft riskant zwischen den Häusern durchgeflogen und Jakob meinte mit einem Lachen, sie solle aber dran denken, dass sie im echten Leben nur *ein* Leben hätte.

„Na klar", hatte sie gesagt und war gegen die nächste Hauswand gebrettert. Es war einfach total ihr Ding, auch wenn sie an diesem Tag wohl nicht selbst fliegen würde.

Wir haben es uns im Hangar gemütlich gemacht, das Wetter war etwas schlechter geworden und es fing leicht an zu tröpfeln. Jakob gab Elli im Flugzeug die Einweisung und ging mit ihr nochmal die Checkliste durch. Dann ging es los. Von Weitem konnten wir noch beobachten, wie der rote Tiefdecker langsam in den tiefen Wolken aus unserer Sicht verschwand.

Ich weiß nicht mehr, wie lange wir dann gewartet haben. Es war auf jeden Fall viel zu lange. Und das hat plötzlich jeder von uns gemerkt. Irgendwie hat uns so eine Unruhe ergriffen, eigentlich wollte Jakob mit jedem höchstens eine halbe Stunde fliegen und jetzt waren es schon fast 50 Minuten.

Ich weiß noch genau, wie wir am Hangar Witze gemacht hatten über die Größe des Kraters, den die Maschine bei einem Absturz wohl hinterlassen würde, oder ob es überhaupt einen gäbe. Das waren keine Witze, die lustig sein sollten. Oder vielleicht doch. Vielleicht wollten wir uns damit von unseren Sorgen ablenken. Da war einfach die Angst, dass wirklich etwas passiert sein könnte.

Wir überlegten hin und her: Vielleicht waren sie irgendwo auf einem anderen Flugplatz gelandet, weil es ein technisches Problem gab? Aber eben war doch alles okay gewesen, als Eric und Johannes ihre Runden gedreht hatten.

Weitere Minuten vergingen.

Johannes hat es dann zuerst ausgesprochen, als wir rausgelaufen sind aus dem Hangar, hinaus auf die Startbahn, wo eben noch die Maschine gestanden hatte. In einem ziemlich panischen Ton, als wüsste er, was passiert war:

„Die sind abgestürzt!"

Aber ganz ehrlich, wie wahrscheinlich war es denn, dass genau dieses Flugzeug genau heute abstürzte? Das konnte doch gar nicht sein! Wie oft stürzten solche Flieger denn ab? Ich hatte vor ein paar Jahren das letzte Mal von so etwas gehört. Das konnte einfach nicht sein! Außerdem war das Wetter doch gar nicht so schlecht, ein Tragschrauber war gerade gelandet und noch ein paar andere Flieger vor ein paar Minuten gestartet. Und trotzdem hat das trübe Wetter wie ein großer dunkler Schatten eine böse Vorahnung verbreitet und diese bedrückende Stimmung noch verstärkt.

Und da kam es auch schon. Vom Tower eilte auf einmal ein Mann auf uns zu, ziemlich aufgeregt und nicht gerade freundlich. Was wir denn da wollten, fragte er uns. Warum wir hier mitten auf dem Flugplatz ständen?

Als ich in seine Augen geschaut hab, war mir alles klar. Nein, nicht alles, natürlich nicht alles, aber dass etwas passiert war, das strahlten seine Augen so deutlich aus, dass man es einfach nicht übersehen konnte. Etwas Schreckliches musste passiert sein.

Und das war es auch.

Ein Flieger sei eben abgestürzt, brachte er heraus. Ob wir auf den roten Flieger warten würden und wer darin saß, wollte er wissen. Ja, genau der Flieger war es. Genau der Flieger, der vorhin mit Elli und dem jungen Piloten gestartet war.

Das war so ein Schock. So eine schlimme Nachricht, mit der man nicht rechnet. Die man einfach nicht greifen kann, nicht wahrhaben will. Aber es war jetzt eine Tatsache, und mehr konnte uns der Mann auch nicht sagen, der auf einmal viel freundlicher war, als er von unserer Schwester hörte.

Oben auf dem Tower hieß es dann, das Flugzeug sei in Bensheim abgestürzt, mehr wusste man nicht. Dass es relativ senkrecht heruntergekommen sei, hat der Mann auf dem Tower noch

vorsichtig hinzugefügt. Und dass der Fallschirm nicht geöffnet
wurde.

Ich glaube, wir wussten alle nicht, wie wir reagieren sollten. Da
standen wir also, Eric, Luna, Johannes und ich, und konnten einfach nicht glauben, was wir gerade gehört hatten. Was gerade passiert war. Dass es genau dieses Flugzeug war, was gerade abgestürzt ist. Es hätte doch auch irgendein anderes treffen können,
aber nicht das, in dem unsere Schwester gesessen hatte. Die sich
eben noch so auf diesen Flug gefreut hatte.

Ich weiß noch genau, wie Luna mich angesehen hat, geschockt
und entsetzt, und halb erstickt herausgebracht hat: „Was wäre,
wenn sie es nicht überlebt hätten? Wenn Elli nicht überlebt hätte?"

Das war die Frage, die wir uns die ganze Zeit stellten, aber
das konnte einfach nicht sein. Das war einfach nicht möglich.
Außerdem ist nicht jeder Absturz tödlich. Und Jakob war ein guter Pilot. Eben war Elli noch da gewesen, hatte sich gefreut, als
Erste fliegen zu dürfen. Es kann doch nicht so schnell vorbei sein?
Ich glaube, wir haben alle nicht weiter darüber nachgedacht. Oder
versucht, nicht drüber nachzudenken. Wir wollten jetzt erst mal
positiv denken und so schnell wie möglich zum Unfallort gelan-
gen.

Wie hatte das passieren können? Warum hatte das passieren
müssen? Aber diesmal hab ich Gott keine Vorwürfe gemacht. Ich
wusste inzwischen, dass das nichts bringt. Und dass Gott keine
Fehler macht. Und dass egal, was passiert war, es irgendeinen Sinn
hat, auch wenn wir ihn nicht sehen können. Und trotzdem war
ich verzweifelt. Ich wusste nicht, was ich tun sollte. Ich konnte
jetzt auch nicht beten. Was betet man in so einem Moment? Dass
sie beide überleben? Wenigstens unsere Schwester? Dass Gott sie

bewahrt hat? Dass sie unverletzt sind? Hatte es überhaupt irgendeinen Sinn, sozusagen rückwirkend für etwas zu beten, was schon passiert war – oder auch nicht? Ich war viel zu geschockt, um überhaupt irgendeinen klaren Gedanken zu fassen.

Während wir zu den Autos gerannt sind, habe ich Anna geschrieben. Sie war gerade auf dieser Hochzeit. Das war doch ein Tag, an dem man sich freut und feiert, das wollte ich eigentlich nicht ruinieren. Ich hatte auch keine Zeit, etwas zu erklären. Ich hab nur schnell geschrieben, dass sie beten sollte. Weil ich es jetzt nicht konnte. Und Gott hatte ihre Gebete doch erhört bisher, der Gedanke hat mich getröstet.

Ich weiß nicht, wie ich mit dieser Situation umgegangen wäre, hätte ich nicht zwei Tage zuvor so deutlich erlebt, dass Gott tatsächlich da ist.

Anna hat mir später erzählt, dass sie genau zu dieser Zeit zu Gott gesagt hatte, dass sie mir alles gesagt hatte, was sie zu sagen wusste. Sie hatte die Nase voll von den Diskussionen und hat genau an diesem Donnerstag beschlossen, nicht mehr mit mir zu diskutieren. Jetzt sollte Gott sich mir zeigen. Und das hat er auch getan. Dass sie dafür gebetet hatte, wusste ich da natürlich noch nicht. Auch jetzt nicht, als ich die Nachricht abschickte. Aber dass ihre Gebete viel wert waren, wusste ich trotzdem. Aber war es nicht schon zu spät? Ich konnte dieses Gefühl nicht loswerden.

Wir sind zur Unfallstelle gefahren. Man würde es von Weitem sehen, hatte man uns gesagt. Ich kann mich noch genau an den Anruf im Auto erinnern. Die Polizei war am Telefon und hat das ausgesprochen, was ich schon die ganze Zeit gespürt hatte: dass das Flugzeug senkrecht im Boden steckte und die Wahrscheinlichkeit gleich null war, dass jemand den Absturz überlebt hatte.

Das war die schlimmste Nachricht, die ich jemals erhalten habe. Und trotzdem realisiert man es in diesem Moment nicht. Ich weiß noch genau, wie wir über die Feldwege gerast sind und plötzlich vor uns ein riesiges Feld voller Feuerwehr, Krankenwagen und Polizei aufgetaucht ist. Und mittendrin war das Flugzeug. Genau dieser rote Flieger. Aber es war kein Flieger mehr, es war ein einziger Haufen Schrott. Komplett zerstört, senkrecht mit dem Cockpit im Boden steckend.

Das war ein schrecklicher Anblick. Ich weiß nicht mehr, wie wir reagiert haben und was wir in diesem Moment gedacht haben. Aber dann kam die erste Polizistin auf uns zu, hat mir die Hand entgegengestreckt und mir ihr Beileid ausgesprochen. Das war noch viel schlimmer als alles andere. Denn dadurch war es plötzlich so nah und so greifbar. Die ganze Zeit war doch noch ein winzig kleiner Rest Hoffnung da gewesen, dass es vielleicht gar nicht stimmte, dass irgendwer sich geirrt hatte oder es nur ein böser Traum war.

Und jetzt war alles vorbei. Elli würden wir nie wiedersehen. Nie mehr ihre fröhliche Art erleben. Elli war dort im Flugzeug und keiner konnte an sie ran, weil die Fallschirmrakete noch nicht ausgelöst war und jederzeit hätte explodieren können. Aber der Notarzt hatte den Tod beider Insassen bestätigt und das mussten wir jetzt akzeptieren. Und auch, dass wir Jakob nicht mehr wiedersehen würden mit seinen Locken und seinem strahlenden Lächeln. Das waren furchtbare Sekunden, Minuten, die sich angefühlt haben wie endlose Stunden.

Gott hatte es zugelassen, warum auch immer. Auch wenn ich es absolut nicht verstehen konnte, war ich mir sicher, dass er alles im Griff hat, das hatte ich doch erst vor zwei Tagen so deutlich gespürt. Und trotzdem hab ich mich gefragt, ob das gerade sein Ernst ist. Ob er mir das wirklich zumutet. Ob er das uns allen zumutet, wo es doch gerade schon genug Probleme gab. Ging es überhaupt noch extremer? Noch weiter runter? Was war hier los? Warum mussten wir das erleben?

Dann hat mein Handy geklingelt. Anna war dran und wollte natürlich wissen, was los war, und ich musste es ihr jetzt berichten. Dass wir gerade vor dem Wrack von dem Flugzeug standen, mit dem Elli abgestürzt war, sagte ich ihr. Dass das doch nicht sein kann. Sie konnte nichts antworten. Ich weiß nicht, was sie gedacht hat, aber wahrscheinlich hat sie das Ganze ähnlich verstört wie mich. So eine Nachricht kann man einfach nicht glauben. Anna war nur kurz rausgegangen aus dem Hochzeitssaal, wo gerade gefeiert wurde, um mich anzurufen. Weil ich geschrieben hatte, sie solle beten, und dann nicht mehr geantwortet hatte. Und dann so eine Nachricht.

Das muss auch für sie ein Schock gewesen sein. Ich hatte ja gehofft, dass die Hochzeit schon vorüber war, aber das war sie nicht, und Anna musste jetzt wieder reingehen und auch noch singen, vor allen Gästen.

Ich glaube, am meisten Angst hatte sie in diesem Moment, dass ich den Mut verliere und von Gott überhaupt nichts mehr wissen will. Ich hatte ihr ja noch nicht erzählt, wie ich am Donnerstag Gott erlebt hatte. Und genau da, genau als sie wieder zurück in die Halle gegangen ist, wurde dieses Lied gespielt. Der Song „Blessings" von Laura Story. Auf einer Hochzeit.

Das ist doch kein Hochzeitssong. Schon die Melodie ist langsam und eher traurig, warum sollte man das auf einer Hochzeit spielen? War das ein Zufall? Niemals. Dass genau dieser Song, von der Sängerin, deren Biografie ich gerade las, weil Vera das Buch genau zur richtigen Zeit gefunden hatte, jetzt genau hier gespielt wurde, konnte doch kein Zufall sein. Und der Song wurde nicht nur einmal gespielt an dem Abend, sondern später nochmal, als Anna nochmal raus ist, um klar zu kommen auf das, was gerade passiert war. Als sie wieder zurück ist, ist der Song nochmal gelaufen. Dasselbe Lied zweimal auf einer Hochzeit? Und dann noch so ein trauriges Lied, das darüber berichtet, wie Gott durch Tränen Gutes bewirken kann?

Anna hatte mir eine Sprachnachricht geschickt von dem Song. Die hab ich immer noch. Wie oft hatte ich den Song die letzten Wochen gehört? Es waren einige Male gewesen, weil er mich angesprochen hatte, in meiner Situation so gut gepasst hatte. Weil er von einer Frau geschrieben wurde, deren Mann einen Hirntumor hatte, der so viel Schweres und so viel Leid verursacht hatte. An diesem Donnerstagabend nach meiner Begegnung mit Gott hatte ich ihn auch gehört, und er hatte mir da schon so viel Mut gemacht. Und so viel hatte ich darüber nachgedacht und wurde jetzt wieder daran erinnert:

„Was ist, wenn Gottes Segen durch Regentropfen kommt?
Wenn seine Heilung durch Tränen geschieht?"

Genau das waren die Worte, die mir im Kopf geblieben sind. Für mich war es, als wäre dieses Lied für genau diese Situation aufgenommen worden. Und da wurde ich innerlich auf einmal wieder ganz ruhig.

Ich stand hier auf dem Feld, vor mir der Trümmerhaufen, unter dem meine geliebte Schwester lag. Und trotzdem hab ich so deutlich gespürt, dass Gott selbst in dieser Situation bei mir, bei uns war. Ich habe keine Panik bekommen. Nicht so wie damals, als ich die Diagnose bekommen hatte. Wo ich mich verstellt hatte und äußerlich ruhig geblieben, aber innerlich völlig durchgedreht bin.

Und das, obwohl das hier viel schlimmer war als alles, was ich vorher jemals erlebt hatte. Ich habe gemerkt, wie er mir genau in diesem Moment Kraft gegeben hat. Besonders durch diesen Song.

Ich hab nicht mal eine Träne weinen müssen. Diesmal musste ich mich nicht verstellen, um zu zeigen, wie stark ich war. Nein, ich war nicht stark – nicht damals, als ich die Diagnose bekommen hatte, und auch jetzt nicht. Aber Gott hat mir diese Stärke geschenkt, diese Kraft, diese Ruhe und den Frieden, damit ich einen klaren Kopf bewahren konnte. Klar war ich entsetzt und geschockt und spürte diesen unendlichen Schmerz darüber, gerade die einzige Schwester verloren zu haben. Aber trotzdem hatte ich das Gefühl, dass mich Gott durch diese Situation tragen würde. Dass er mich auf diesem schweren Weg begleiten würde. So komisch das jetzt klingen mag. Und außerdem wusste ich, dass es jetzt Wichtigeres zu erledigen gab und ich mir später noch über alles andere Gedanken machen konnte.

Die größte Frage war, wie wir das jetzt unseren Eltern mitteilen sollten. Vor allem meiner Mutter. Das würde sie nicht überleben, da war ich mir sicher. Erst war ich wieder krank geworden und jetzt war ihre einzige Tochter tot. Wie sollte sie das verkraften? Das war doch einfach zu viel. Mal wieder zu viel verlangt von Gott, hab ich gedacht. Wie konnte er unserer Mutter so etwas antun? Klar hatte ich diese Gedanken, aber irgendwie spürte ich auch, dass er sich auch um sie kümmern würde. Gott lässt niemanden alleine, der nach ihm fragt, der ihn sucht.

Wir wurden zur Feuerwehr gebracht und mussten erst einmal endlos lange warten. Wir haben uns umarmt und so einen Schmerz gespürt wie noch nie zuvor. Dort auf der Wache, mit der Notfallseelsorge. Ich weiß nicht mehr, was wir geredet haben. Ob wir überhaupt etwas gesagt haben.

Irgendwann hat meine Mutter angerufen, aber ich ging nicht dran. Nein, wir konnten ihr das nicht am Telefon sagen. Wir würden nach Hause fahren und es ihr persönlich sagen müssen. Ich wollte nicht, dass die Polizei zu ihr kommt und sagt: Ihre Tochter ist tot. Ich wollte es ihr sagen. Ich war noch am gefasstesten von uns allen und hab mir die ganze Zeit überlegt, was ich sagen sollte. Wie ich es ihr sagen sollte. Was sagt man seiner Mutter in so einer Situation?

Das Handy haben wir klingeln lassen. Und alle anderen auch. Alle haben nacheinander geklingelt. Sie musste sich schon Sorgen machen, es war mittlerweile dunkel draußen und wir wollten eigentlich schon längst zurück sein. Aber wir mussten hier noch wegen irgendwelchen Formalitäten warten, wir waren schließlich Zeugen dieses tragischen Unglücks gewesen. Irgendwann haben wir einen Krankenwagen bestellt und Sanitäter, die mit uns nach Hause kommen sollten. Falls unsere Mutter zusammenbrechen würde. Und das würde sie, da waren wir uns sicher.

Die ganze Rückfahrt überlegte ich fieberhaft, was ich sagen sollte. Sie würde auf uns warten, das war klar. Und dann würden wir kommen und hinter uns die Notfallseelsorge, die Sanitäter und die Polizei. Sie würde doch direkt ahnen, was passiert ist.

Und so war es auch.

Da war keine Zeit für viele Worte. Ich hab sie in den Arm genommen und gerade noch so herausbekommen: „Es gibt keinen Zufall. Das weißt du doch auch." Und dass sie wisse, dass Gott bei uns ist oder so etwas, hab ich noch gesagt, bevor ich ihr die schreckliche Nachricht sagen musste. Ich hab mich lange gefragt, warum ich das gesagt hab.

Hilft das? Wenn jemand in so einer Situation zu dir kommt und dir sagt, dass es keinen Zufall gibt?

Ich denke, es kommt darauf an, was man darunter versteht. Wenn man Gott vertrauen kann und weiß, dass er alles in der Hand hat und mit einem geht, egal, was kommt, dann kann man so eine Situation anders sehen. Hier auf der Erde passieren schlimme Dinge, wir sind eben noch nicht im Himmel. Selbst in der Bibel sind Gottes treuesten Nachfolgern schlimme Dinge zugestoßen. Gott hat das nicht verhindert. Aber nicht, weil er nicht da war oder weil er gerade nicht aufgepasst hat.

Für mich war das Wissen, dass Gott die ganze Zeit da war, unglaublich wichtig. Das war das, was mir Kraft gegeben hat. Es ist nicht einfach so passiert, als Gott eben gerade mit etwas anderem beschäftigt war und das Flugzeug vergessen hat. Nein. Er war dabei. Er hat es gesehen und mich durch dieses Lied getröstet.

Unsere Mutter ist wirklich eine starke Frau. Aber in diesem Moment war sie stärker als wir alle. Den Notarzt hat sie nicht gebraucht, sie hat sehr gefasst reagiert. Auch wenn wir es alle immer noch nicht glauben konnten, auf dem Sofa saßen, uns im Arm hatten und mir nun das erste Mal die Tränen gekommen sind und ich weinte wie noch nie zuvor. Dieses Gefühl ist einfach schrecklich. Einen Menschen verloren zu haben, der einem so nahestand. Seine eigene Schwester verloren zu haben. Mit der wir schon so viel erlebt, so viel Spaß zusammen gehabt hatten und die wir so liebten.

Ich glaube, dass meine Mutter das Ganze irgendwie sofort akzeptiert hat. Und dass sie genau in diesem Moment darauf vertraut hat, dass Gott weiß, was er tut. So schlimm das Ganze war – und ich glaube, ich kann mir nicht ansatzweise vorstellen, wie sie sich gefühlt haben muss –, sie hat so gefasst reagiert und eher noch versucht, uns zu trösten. Ich hab das nicht verstanden. Wo sie diese Kraft her hatte.

Aber ich glaub, ich weiß jetzt, woher. Gott hatte mir die Kraft gegeben, die erste Chemo durchzustehen, Gott hatte mir die Kraft gegeben, dort am Absturzort einen klaren Kopf zu bewahren, und Gott hat auch ihr diese Kraft gegeben.

"FEEL HOW RELI(E)VING IT IS"

Was Elli uns hinterlassen hat

Einen Tag später hat mir Anna die Andacht für diesen Tag geschickt, aus einer weit verbreiteten App. Jeden Tag gibt es da einen Bibelvers und einen kurzen Impuls für den Tag, und am Schluss eine Anregung, für wen man an diesem Tag beten könnte. Und es war doch kein Zufall, dass das genau an diesem 10. März 2018 das Gebetsanliegen war, sodass Tausende in Deutschland genau für uns gebetet haben. Ohne zu wissen, wofür sie eigentlich beteten. Man kann es immer noch nachlesen, in der 365 STEPS-App[6]:

Gebetsanliegen: Trauernde Menschen

Jeden Tag gehen viele Menschen auf der Welt durch richtig gute Zeiten. Sie feiern Hochzeiten, Geburten, Geburtstage, vielleicht eine Begegnung mit Gott. Sie feiern gemeinsam mit der Familie, mit Kollegen, mit Freunden. Diese Zeiten kann man wirklich genießen.
Aber ebenso gibt es jeden Tag auch Menschen auf der ganzen Welt, die trauern: wegen einer Absage im Job, vielleicht wegen der Trennung einer Beziehung. Sie trauern vielleicht über den Tod des Ehepartners, der Oma oder sogar des eigenen Kindes.

Vielleicht kennst du Menschen in deiner Nähe, die jemanden
verloren haben oder gerade in einer tiefen Trauerphase drin
sind. Denke an sie und bete heute für sie. Bete für neue Kraft,
neue Hoffnung und den Mut, Trauer zuzulassen.
Bete zu Gott, dass er sich in dieser schweren Zeit zeigt
und dass die Menschen spüren und erleben, dass er treu
ist und sie begleitet. Bitte darum, dass er ihnen Menschen
schickt, die ihnen beistehen und Verständnis haben.
Bete für weitere spezielle Anliegen, die du von den trauernden
Personen weißt.

Krass, dass das so genau passte. Dass Anna gerade an diesem Tag auf der Hochzeit war und genau zu diesen Menschen gehört hat, die sich gefreut haben und das Leben genießen konnten. Und dann der brutale Kontrast. Wie viele Menschen haben jetzt für uns gebetet, auf der ganzen Welt. Die uns vielleicht gar nicht gekannt haben und trotzdem für alle trauernden Menschen gebetet haben. Für uns, für meine Eltern. Die gerade ihr Kind verloren hatten.

Ich hätte das zumindest so gemacht, wenn ich Gott wäre, in meiner Simulation.

Wir mussten dann erst mal alles der Polizei berichten, was wir wussten. Das hat Stunden gedauert. Aber es musste noch an diesem Abend sein, da man wichtige Einzelheiten manchmal schnell vergisst, so hatte man es uns erklärt. Und wir waren für die Polizei wichtige Zeugen.

Unsere Mutter hat in der Zeit das Tagebuch unserer Schwester gesucht und die letzte Seite aufgeschlagen. Elli hatte ihr Tagebuch im

Dezember des letzten Jahres angefangen. Sie schrieb es auf Englisch, warum auch immer, vielleicht, weil Marc nur Englisch verstand.

Elli hatte mit uns nie viel über ihre Beziehung zu Marc geredet, wahrscheinlich weil sie wusste, was wir darüber dachten. Marc behandelte sie wie ein unselbstständiges, naives Mädchen und sagte ihr das auch sehr deutlich. Auf der einen Seite zweifelte er an ihrer Treue und kritisierte sie in allem. Dann lobte er sie wieder in den höchsten Tönen und machte ihr Komplimente, die so klangen, als wäre sie die Allerschönste, Allerbeste und Einzige für ihn. Dieses Verhalten ist typisch für Borderliner, es ist genau das Gegenteil der göttlichen, bedingungslosen Liebe. Marc war einfach nicht gut für Elli. Es muss schwer für sie gewesen sein, kein Verständnis und keine Unterstützung für ihre Beziehung zu bekommen, weder von uns noch von unseren Eltern oder ihren Freundinnen.

Ich hab ein paar Mal versucht, in Ruhe mit ihr darüber zu reden, aber keine Chance gehabt, sie zu erreichen. Elli muss sehr zerrissen gewesen sein: Einerseits hing sie irgendwie an Marc fest, andererseits musste sie auch selbst gemerkt haben, dass diese Beziehung nicht gesund war. Irgendwie wusste sie selbst, dass Marc sie nicht liebte, sondern benutzte. Aber erst als unsere Mutter ihr Tagebuch aufschlug, wurde uns dieser innere Konflikt deutlich.

Immer mehr hat sie den Sinn ihres Lebens bezweifelt. Auf den letzten Seiten hat sie sich sehr depressiv angehört. Wir hatten das so nicht bemerkt. Elli war schon länger nicht mehr bei unseren Aktionen dabei gewesen. Seit Marc in Deutschland war, war sie nur noch mit ihm unterwegs. Sie hatte oft einen traurigen Eindruck gemacht. Ihr war wohl klar, dass sie Marc mit seinen Problemen nicht helfen konnte und dass ihre Zukunft mit ihm hart werden würde. Dennoch schien sie sich verpflichtet zu fühlen, bei ihm zu bleiben. Eigentlich wäre sie sechs Wochen später mit ihm nach Schweden geflogen, und wer weiß, ob sie von dort jemals zurückgekommen wäre.

Gerade deshalb hatten wir uns so gefreut, dass Elli wieder öfter mit uns unterwegs war und mit fliegen kommen wollte! Es war so schön gewesen, sie wieder wie früher mit dabei zu haben.

In ihrem letzten Tagebuch-Eintrag schrieb sie, wie sehr sie sich auf das Fliegen freute. Und dass sie ziemlich traurig war, wenn sie daran dachte, was für trübe Aussichten vor ihr lagen: ihre Ausbildung beenden, dann mit Marc zusammenziehen, beide mit wenig Geld und einer unklaren Zukunft. Dass sie eigentlich viel lieber durch die Welt reisen und anderen Menschen helfen wollte, weil sie das richtig glücklich machte. Und dann kam der letzte Satz:

… but now I just layed it all in God's hands because otherwise I would really go crazy. I couldn't do it alone… I wished Marc could also trust God enough to do this and feel how reliving it is.

Das war also ihr letzter Eintrag gewesen. Ihre letzten Worte beschrieben, wie wiederbelebend es ist, Gott zu vertrauen? Sie wollte sicher „erleichternd", also „relieving" sagen, hatte nur diesen kleinen Buchstaben vergessen, sodass es eher „wieder(be)lebend" hieß.

Für unsere Mutter war es auf jeden Fall sehr beruhigend zu sehen, dass Elli auf Gott vertraute. Und jetzt war sie bei ihm, da waren wir uns sicher.

An diesem Samstag, ihrem Todestag, dem 10. März 2018, war folgende Geschichte auf dem Blatt eines bekannten Abreißkalenders:

Ein Pilot der britischen Luftstreitkräfte erzählte einmal folgendes Erlebnis: Jedem Flugschüler wird beigebracht, dass zu langsames Fliegen zum Trudeln führt, bei dem man wie ein Baumblatt herunterwirbelt. Ich werde den Tag nie vergessen, an dem mein Fluglehrer sagte: Nun werden wir diese Übung einmal machen. Er erklärte mir alles haargenau und sagte dann: Nun starten wir und versuchen es!

Er nahm hinter mir Platz und wir stiegen über unbewohntem Gebiet bis auf etwa 4000 Meter Höhe. Es war leicht, die Maschine ins Trudeln zu bringen. Man brauchte bei gedrosseltem Motor den Steuerknüppel nur nach hinten zu ziehen, um die Fahrt zu verlangsamen und mit dem Seitenruder das Trudeln einzuleiten. Aber als mir der Ausbilder die Anweisung gab, die Steuer wieder in die Ausgangslage zu bringen, gelang es mir nicht sofort. Der Erdboden kam mit rasender Schnelligkeit auf uns zu und der Steuerknüppel vibrierte, als wir durch die Luft wirbelten. Einige Sekunden, und mir brach der Angstschweiß aus, während ich vergeblich die Steuer betätigte. Offensichtlich machte ich alles verkehrt.

Da ertönte die Stimme in meinem Kopfhörer: Ich übernehme! Was für eine Erleichterung, diese Worte zu hören und die Führung übergeben zu können! Nur einige Augenblicke – und wir flogen wieder horizontal.

Auch für mein Leben war einmal der Punkt gekommen, wo ich merkte, dass ich es nicht mehr steuern konnte. Ich trudelte dem Abgrund entgegen. Es gab nichts, was ich tun konnte, um mich selbst zu retten. Froh wurde ich erst, als ich die Führung Gott überließ.[7]

Genau dieses Manöver hatte bei Jakob und Elli zum Absturz geführt, es war kein technisches Problem gewesen. Das hatten die Ermittlungen der Polizei ergeben. Das Trudeln war auch sicher nicht mit Absicht herbeigeführt worden. Das Flugzeug war einfach zu langsam gewesen, und anders als in der Geschichte flog es zu niedrig. Aus der geringen Höhe konnte es nicht mehr aufgefangen werden.

Niemand konnte zu der Zeit, als der Kalender gedruckt wurde, von dem Absturz wissen. Und jetzt war genau an diesem Samstag diese Geschichte dran. Mit der Message, wie gut es war, die Führung abgeben zu können. Das war der letzte Satz auf dem Kalenderblatt und das war auch der letzte Satz in Ellis Tagebuch gewesen.

Was sie wohl in dem Moment des Absturzes gedacht hatte? Wir werden es nie wissen. Auch nicht, warum Gott das alles zugelassen hat. Ich glaube nicht, dass Gott gewollt hat, dass das geschieht. Aber ich denke, er hat schon vorher gewusst, dass es passieren würde. Und deshalb hat er dafür gesorgt, dass an diesem Tag diese Geschichte in dem Kalender stand. Auch wenn es nur eine kleine Sache war, für mich war das noch ein weiteres Teil eines großen Puzzles, das zwar irgendwie keinen Sinn ergab und das ich lieber ganz anders zusammengebaut hätte, aber das nun einmal so war, wie es war.

Irgendwann werden wir Elli wiedersehen, und dann werden wir vielleicht erfahren, warum das alles so gekommen ist.

WENN ES FEUER VOM HIMMEL REGNET

Warum eigentlich nicht?

Auch wenn es uns sehr tröstete, dass Elli jetzt bei Gott war und es ihr dort bei ihm sicher unglaublich gut ging, war es nicht leicht, weiterzumachen. Und trotzdem mussten wir weiterleben. Auch wenn für uns hier eine ganze Welt geendet hat, war der Rest der Welt immer noch genau gleich geblieben. Und das ist irgendwie schwer zu verstehen.

Manchmal fragt man sich in solchen Situationen, was das Leben überhaupt wert ist. Was MEIN Leben überhaupt wert ist? Wenn jeder doch so ersetzbar ist, wenn doch alles auch ohne mich funktionieren würde. Ich meine, es ist ja gut, dass es so ist, wie es ist: dass der Alltag wieder beginnt, dass nicht alles stehenbleibt und man irgendwie weitermachen muss. Und trotzdem hab ich das Leben plötzlich anders gesehen.

Herr, lehre uns bedenken, dass wir sterben müssen,
damit wir klug werden.

Das steht in der Bibel, in Psalm 90, Vers 12. Den Spruch hatte ich mir mal über mein Bett gehängt, unter einen Rehbockschädel, vor viereinhalb Jahren, als ich das erste Mal den Tumor bekommen hatte.

Den Rehbock hatten wir immer beobachtet und fotografiert, bis er eines Tages tot dalag. Einfach so. Er war nicht geschossen worden, zumindest konnten wir das nicht erkennen; er war schon halb verwest, und wir mussten den Schädel erst mal abkochen und mit Wasserstoffperoxyd bleichen, bis wir ihn in unser Zimmer hängen konnten.

Dann habe ich diesen Spruch darunter gehängt, mit einem Bild von dem Rehbock, das wir gemacht hatten, als er noch gelebt hat. Manche fanden das makaber. Ich fand es irgendwie cool, diesen selbst gefundenen Rehbock, der jetzt eine Glühbirne im Schädel hatte und unser Zimmer beleuchten konnte, neben dem Bild, das wir kurz vorher von ihm geschossen hatten.

Damals hatte ich mich auch sehr nah am Tod gefühlt. Ich glaube, jeder der eine Chemo durchmacht, weiß, was ich meine. Ich konnte damals nur noch auf dem Bett liegen und nichts tun, so schwach war ich. Ich glaube, deshalb fand ich den Vers auch irgendwie gut. Weil man in so einer Situation, den Tod vor Augen, so anders über das Leben denkt. Als würde man es aus einer neuen Perspektive sehen, als würde man sein Leben von außen betrachten. Und jetzt war das wieder so.

Aber was soll man daraus lernen? Wie wird man denn klug, wenn man weiß, dass man hier nicht ewig leben wird? Wie würdest du leben, wenn du wüsstest, dass heute dein letzter Tag ist? Leb jeden Tag so, als sei es dein letzter – den Spruch kennt wohl jeder, aber was heißt das wirklich?

Manchmal war ich schon etwas verzweifelt. Ich glaube, das ist auch verständlich bei all dem, was wir erlebt hatten. Aber immerhin konnte ich jetzt mit Gott reden und wusste, dass er mich hört. Ich meine, krank war ich ja immer noch. Ich hatte immer noch Krebs und wusste immer noch nicht so richtig, was ich jetzt tun sollte.

Und manchmal hätte ich Gott gerne richtig gespürt. So mit Feuer vom Himmel regnen lassen und so, das erwähnte ich ja schon. Aber eigentlich war das gar nicht mehr nötig. Ich hatte ja jetzt so viel erlebt mit ihm. Nein, ich wollte ihn nicht mehr um ein Zeichen bitten. Nicht um irgendetwas Krasses. Ich wollte ihm sagen, dass es mir gerade manchmal schwerfiel, den Mut nicht zu verlieren, und dass ich einfach nur wissen wollte, wie ich weitermachen soll mit der Krebsbehandlung. Ich hab mich vor mein Bett gekniet und hab etwa Folgendes gesagt:

„Danke, dass du da bist und mich hörst und zu mir sprechen kannst. Auch wenn ich manchmal gerne wollte, dass du Feuer vom Himmel fallen lässt, damit ich dich so richtig erkenne, weiß ich jetzt auch so, dass du da bist. Danke, dass ich jetzt an dich glauben kann beziehungsweise, dass dieses Glauben sogar schon irgendwie ein Wissen ist. Danke dafür. Du brauchst jetzt auch kein Feuer mehr vom Himmel fallen lassen, um dich mir zu beweisen. Und ich glaube definitiv, dass du es könntest, wenn du es wolltest."

Ich kniete also vor meinem Bett, oben in der Dachgeschosswohnung meiner Eltern, draußen war es dunkel und still. Irgendwie hatte ich das Gefühl, dass Gott da war, dass er mir gerade zugehört hat und bei mir ist. Ich hatte eine Gänsehaut und wieder dieses Gefühl seiner unendlichen Liebe. Das ist mir seitdem öfters so gegangen, dass ich spüre, ich rede gerade nicht mit der Zimmerdecke, sondern mit diesem Gott, der mich gemacht hat und der mich kennt und dem was an mir liegt.

Ihr werdet mir das jetzt nicht glauben, und ich würde es auch keinem glauben, der mir sowas erzählen würde. Und jetzt gerade habe ich auch wieder eine Gänsehaut, während ich daran denke, während ich diese Worte aufschreibe.

Genau in diesem Moment, als ich sagte, dass Gott jetzt kein Feuer mehr vom Himmel fallen lassen müsse … ist es passiert.

Es ist wirklich Feuer vom Himmel gefallen!

Genau in diesem Moment, als ich diesen Satz ausgesprochen habe, hat es draußen Feuer vom Himmel geregnet. Nein, das sah nicht einfach nur so aus. Ich schlafe hier oben unterm Dach, und genau vor meinem Fenster, vielleicht in 10 Metern Höhe, sind direkt vor meiner Scheibe Funken runtergeregnet. Dann hat es einen lauten Schlag gegeben und noch mehr Feuer ist vom Himmel gefallen.

Ich saß vor meinem Bett und war wie gelähmt. Ich wäre fast gestorben bei diesem Anblick, bei diesem unglaublichen Gefühl, dass Gott mich gerade ernsthaft erhört hat! Es war einfach nur unbeschreiblich.

Ich bin aufgestanden und zum Fenster gegangen. *Ist das dein Ernst, Gott?! Genau jetzt, genau da, wo ich sage, dass es nicht mehr nötig ist, fällt dieses Feuer vom Himmel?* Der Weg zum Fenster kam mir unendlich lang vor. *Ist das gerade die Realität? Ist das gerade ernsthaft passiert? Bilde ich mir das gerade alles nur ein? Was passiert da bitte?*

Die Antwort war ganz einfach: Irgendjemand hatte genau in dieser Sekunde genau vor unserem Haus eine von diesen Raketen gezündet, die regenartig ihre Feuerschlangen vom Himmel warf.

Ich weiß bis heute nicht, wer das war und warum jemand das getan haben sollte. Ich hab sowas bis dahin nicht erlebt und auch danach nicht mehr. Dass jemand bei uns im alten Ortskern, in der ruhigsten Ecke, mitten im Jahr Raketen abfeuert. Genau vor meinem Fenster! Wenn jemand hier Feuerwerk abfackelt, dann sind normalerweise wir das und nicht unsere Nachbarn, erst recht nicht vor unserem Haus.

Auch wenn man das wieder als Zufall sehen könnte – es waren ja schließlich ganz normale handelsübliche Raketen gewesen, die einen ganz normalen Funkenregen verursacht hatten –, hat mich das wirklich schwer beeindruckt.

Gott denkt eben anders als wir. Wirklich komplett anders. Ich meine, wenn er schon Feuer vom Himmel regnen lässt, wäre es doch cool gewesen, wenn er mir damit eine Antwort gegeben hätte. Also, wenn ich zum Beispiel vorher zu ihm gesagt hätte: „Wenn ich die Chemo machen soll, lass bitte Feuer vom Himmel regnen!" Und dann: Bäm! Dann hätte ich Bescheid gewusst. Doch was jetzt das Richtige im Hinblick auf den Krebs war, wusste ich nun immer noch nicht. Eigentlich völlig unnötig und überflüssig, dieser Funkenregen. War bestimmt auch noch voll die Umweltverschmutzung.

Aber vielleicht habe ich damit eine Antwort bekommen, die ich viel dringender gebraucht habe als die Antwort auf die Frage, welche Therapie jetzt die Richtige wäre: Gott hat mir gezeigt, dass er da ist, dass er mich hört und bereit ist, auf mich einzugehen – selbst wenn ich mit so etwas Durchgeknalltem komme. Einmal mehr hat er mir das durch dieses kleine spontane Feuerwerk gezeigt.

Und tatsächlich habe ich nach diesem Funkenregen so eine Kraft bekommen, so eine Hoffnung und so eine Freude. Ich spüre das immer noch, obwohl das jetzt schon eine ganze Weile her ist.

Übrigens hab ich die Raketen selbst, also diesen Explosions-Stern, nicht gesehen. Von meinem Standpunkt aus sah es wirklich nur aus wie vom Himmel regnende riesige Funken. Das war schon ziemlich genial.

Gott hört definitiv zu, wenn ich mit ihm rede, das war mir spätestens jetzt klar. Und auch, dass er ganz andere Prioritäten hat als wir. Er hätte das mit der Rakete ja auch machen können, als ich noch richtig am Zweifeln war. Da hätte er sich mir richtig beweisen können!

Hm. Oder eben auch nicht. Vielleicht hätte ich das damals auch wieder nur als dummen Zufall abgetan. Ich weiß es nicht. Glaube bleibt eben Glaube. Ein Beweis dafür, dass es Gott gibt, war das sicher nicht, logisch betrachtet. Aber für mich war es eben doch einer. Ein Hinweis mehr.

IRGENDWIE MUSS ES WEITERGEHEN

Wir verwirklichen Ellis Traum von unserem "Schloss im Wald"

Nach Ellis Tod haben wir alle Aktivitäten auf YouTube erstmal auf Eis gelegt. Uns war absolut nicht nach verrückten Projekten zumute, und wir wussten auch nicht, ob wir überhaupt weitermachen sollten. Wir haben uns und das, was wir da taten, krass infrage gestellt.

Doch dann haben wir uns die vielen Videos von früher angeschaut, von all den Aktionen, bei denen Elli dabei gewesen war. Und auch wenn es sehr wehtat, Elli zu sehen, wie lebendig, strahlend und lebensfroh sie bei allem war, wurde uns dadurch auch nochmal neu klar, wie toll es war, dass wir so viel mit ihr gemeinsam erlebt, so viele Erinnerungen geschaffen hatten.

Natürlich würden wir Elli und alle unsere Erlebnisse und wunderschönen Zeiten nie vergessen, aber die Videos würden uns dabei eine große Hilfe sein. Und ganz sicher hätte Elli gewollt, dass wir weitermachen – weil es genau darum ging: das Leben voll auszukosten, so lange es eben dauert, da man nie weiß, wann es vorbei ist. Gemeinsam mit Freunden so viele tolle, aufregende, glücklich machende Sachen im Real Life zu unternehmen, wie es nur geht. Füreinander da zu sein und sich gegenseitig zu helfen. Unserem Motto „Do something" treu zu bleiben – etwas tun, etwas bewegen, andere inspirieren und etwas schaffen, das uns selbst und anderen Freude macht und das bleibt.

Elli hatte einige Zeit vorher ein Lied über unsere gemeinsame Kindheit geschrieben. Der Songtext (dessen Melodie wir leider nie erfahren werden) hat uns mega dabei geholfen, wieder zu erkennen, wie es weitergehen sollte. Sie hatte das sicher gar nicht so gedacht, aber das Lied wurde wie ihr Vermächtnis an uns:

> *We built a tree house in the forest behind our house*
> *It was our castle and we were the kings*
> *In our kingdom in the woods*
> *(…)*
> *When something was broken we would fix it*
> *There was nothing that we'd throw away*
> *Because we honored every little thing in this world*
> *We saw beauty in simple things*
> *(…)*
> *We were safe because we had each other*
> *It was our kingdom that no one could take away from us*
> *And we had it all.*
> *(…)*
> *So promise that you won't forget this*
> *The times we laughed and cried,*
> *Building our castles*
> *cause we still are the kings.*[8]

Wir hatten damals eigentlich noch gar kein richtiges Baumhaus, sondern nur eine Art Plattform in einem Baumwipfel gebaut. Doch nun beschlossen wir, dass wir Ellis Traum verwirklichen wollten, wir würden ein Baumhaus bauen, das den Namen „Schloss" verdiente, wie sie es in ihrem Song genannt hatte.

Und so begannen wir mit dem Projekt „Baumhaus". Das Besondere war, dass an diesem Projekt so ziemlich alle unsere Freunde mitwirken konnten. Zum Teil waren es über 30 Leute, die daran mitgebaut haben; nicht immer alle auf einmal, sondern jeder konnte so kommen und helfen, wie es möglich war.

Da die handwerklichen Fähigkeiten der Leute unterschiedlich waren, wurde einiges nicht perfekt – und dadurch nur noch schöner. Wir haben einfach schiefe Ecken schiefe Ecken sein lassen und über zu große Lücken eine Leiste geschraubt, und es ist absolut unperfekt perfekt geworden.[9]

Und so wurde das Baumhaus unsere gemeinsame Verarbeitung, unsere Therapie, unser Denkmal für Elli und die wunderschöne Kindheit, die wir mit ihr gemeinsam erlebt hatten. Inzwischen ist das Baumhaus wirklich ein Schloss mit drei Stockwerken, Wendeltreppe, Zugbrücke, Heizung und Beleuchtung. Es ist super gemütlich und wir verbringen dort viel Zeit gemeinsam mit Freunden. Und wie im Real Life sind wir immer noch dabei, daran weiterzubauen und es immer besser und schöner zu machen.

SPONTAN-TAUFE UND
EIN GRUSS VOM HIMMEL

Manche Sachen muss man einfach machen

Am Sonntag, den 24. Juni 2018 habe ich mich taufen lassen. Geplant war das nicht. Natürlich nicht. Wir planen ja nie. Aber es war genau das, was ich an diesem Sonntag tun sollte.

An dem Sonntag bin ich mal wieder in die Kirche bei Heidelberg gegangen, ich war über einen Monat nicht dort gewesen. Anna war noch mit dabei und Christian und noch ein Freund.

Am Tag davor hatte ich Gott gesagt, dass er mir zeigen soll, wie es mit mir weitergeht, mit dem Tumor und auch in Beziehungsfragen und so. An meine Beziehung mit *ihm* hab ich da wohl weniger gedacht. Aber Gott denkt halt anders als ich.

Ich wusste, was es heißt, sich taufen zu lassen. Dass es ein äußeres Zeichen für die Entscheidung ist, sein Leben mit Gott zu leben. Dass man dabei ins Wasser getaucht und symbolisch das vorherige Leben von einem abgewaschen wird, sodass man ganz frisch und neu anfangen kann. Wenn man in meinem Bild von der Computersimulation bleiben will, schließt man mit der Taufe sozusagen das Abo ab, stimmt den AGBs zu und bekommt einen Avatar …

Ich hab schon während des Gottesdienstes darüber nachgedacht, ob eine Taufe nicht der richtige Schritt für mich wäre. Ich wollte ja mein Leben mit Gott leben, also, eigentlich war ich bereit dafür.

Vier Leute, die sich taufen lassen wollten, haben über ihre Erlebnisse mit Gott gesprochen. Und Anna saß neben mir und hat mir von ihrer spontanen Taufe in Amerika erzählt.

So eine Spontan-Taufe würde eigentlich auch zu mir passen, zu meinem ungeplanten Leben, dachte ich.

Alle Gottesdienstbesucher sind rausgegangen, wo auf dem Parkplatz ein Baukübel stand, mit Wasser gefüllt und mit Holz verkleidet. *Gibt schönere Locations*, hab ich gedacht. So ein See mit einem coolen Regenbogen, das hätte besser zu mir gepasst als diese graue Wanne, in der auch noch warmes Wasser war.

Es ging also los, die vier Täuflinge wurden getauft, und der Pastor meinte, man braucht keine lange Vorbereitung zur Taufe, wer jetzt noch dazu kommen wolle, könne das gern tun, solange er die Möglichkeit dazu hat.

Die hab ich sicher später auch noch, hab ich gedacht. *Ist ja nicht die letzte Taufe hier.*

Aber irgendwie hat mich dieser Satz doch angesprochen. Ich musste an die Aussage des Verses denken, der über meinem Bett neben diesem toten Rehschädel hing: „Lehre mich bedenken, dass ich sterben muss, damit ich klug werde." *Weiß ich denn, wie lange ich noch leben werde?*

Nachdem alle getauft waren, wurde gefragt, ob sich noch jemand bereit fühlte, und tatsächlich haben sich noch einige Leute gemeldet und sind vorgegangen.

Und dann tauchte auf einmal dieses Flugzeug auf. Direkt hinter dem Parkplatz, ein Sportflugzeug, das gerade ein Segelflugzeug hochgezogen hat. Ich musste an meine Schwester denken. Sie hatte sich auch taufen lassen wollen, hat aber noch auf den richtigen Zeitpunkt gewartet, sich vielleicht nicht getraut oder gedacht, sie sei noch nicht soweit... ich weiß es nicht. Noch am Abend vor ihrem Tod hatte sie mit Jakob, dem Piloten, über ihre Taufe gesprochen. Bei ihr hätte sicher auch keiner gedacht, dass es so schnell vorbei sein kann. Und eigentlich war ich gerade in einer zumindest gesundheitlich deutlich schlechteren Situation.

Das Flugzeug ist auf jeden Fall nicht abgestürzt, sondern hat das Segelflugzeug hochgezogen, bis ich es nicht mehr sehen konnte. Ich wollte auch nicht so auffällig hinterherschauen.

Plötzlich hatte ich das Gefühl: *Warum sollte ich nicht jetzt ganz deutlich machen, wem ich für immer folgen will? Warum nicht jetzt, warum nicht hier?*

Nee, dachte ich dann wieder, *so einfach ist das nicht, und außerdem war nach dem letzten Täufling schon eine längere Pause, das kommt doch jetzt blöd, wenn ich mich jetzt erst melde.*

Also hab ich mir gesagt: *Wenn noch jemand den Entschluss fasst, dann bin ich der Nächste.* Es sah ja wirklich nicht danach aus, es waren eh schon doppelt so viele Täuflinge gewesen wie geplant! Und dann ist Mila vorgegangen, eine gute Freundin von Anna, von der ich angenommen hatte, sie sei schon lange getauft.

Wenn man sich was vornimmt, muss man es auch machen, sag ich ja immer. Also war ich der Nächste. Ich glaube, es war gut, dass mein Bruder oder meine Eltern nicht dabei waren. Sonst hätte ich mich sicher nicht getraut, weil ich gedacht hätte, dass sie Erwartungen haben, die ich dann sicher nicht erfüllen kann. Aber darum geht es ja gar nicht bei der Taufe, wir sind danach nicht perfekter als vorher, wir haben nur ein öffentliches Bekenntnis abgelegt.

Ich schau immer noch viel zu sehr darauf, was andere von mir denken oder erwarten, das muss ich mir unbedingt abgewöhnen!

Der Pastor hat mich nochmal gefragt, ob ich mich taufen lassen und damit öffentlich bezeugen will, dass ich zu Gott gehöre, und ich konnte nur von ganzem Herzen JA sagen. Es war so ein schönes

Gefühl und gleichzeitig so ein bewegender Moment. Immer noch musste ich an das Flugzeug und meine Schwester denken und daran, wie kurz das Leben doch sein kann.

Es war nur ein ganz kurzer Augenblick, den ich unter Wasser war. Und schon stand ich wieder draußen. Und genau in dem Moment kam ein anderes Flugzeug in Sicht, als wäre es direkt hinter dem Parkplatz gestartet. Es war ein rotes Flugzeug, genau wie das, mit dem meine Schwester abgestürzt ist. Es hat mich geschaudert. Diese bekannten Motorengeräusche, diese Farben, als säße Elli darin!

Direkt neben uns ist es vorbeigeflogen, so nah und so tief, dass ich es genau erkennen konnte. Diesmal hab ich ihm ganz bewusst hinterhergeschaut. Ganz langsam ist es vorbeigeflogen, immer höher, bis es in den Wolken verschwunden ist.

Und vielleicht hab ich es mir nur eingebildet, aber ich glaube, es hat mit den Flügeln gewackelt, genauso gewunken, wie wir es gemacht haben, wenn wir mit Jakob in dem kleinen roten Flieger geflogen sind, bevor es mit dem Himmel eins geworden ist.

DER NICHT GANZ DIREKTE WEG ZUR HEILUNG

Wenn Gott auf krummen Zeilen gerade schreibt

Aber jetzt zu der eigentlich wichtigsten Sache: Wie ging es nun mit meiner Krebserkrankung weiter?

Nein, ich habe keine krasse Wunderheilung erlebt. Da war kein Schamane, der mir die Hände aufgelegt hat und zack, war ich gesund. Das wäre mir ja am liebsten gewesen. So hatte Jesus in der Bibel doch auch immer die Leute geheilt. Und ich hatte auch in der Gemeinde schon von Heilungen gerade bei Krebspatienten gehört. Das hat mit Hoffnung gemacht!

„Mach mich gefälligst gesund, aber bitte ohne Ärzte und ohne Chemo", hatte ich zu Gott gesagt. Das war schon ziemlich respektlos. Etwa genauso respektlos wie meine Forderung, dass er für mich Feuer vom Himmel fallen lassen sollte. Aber umso krasser ist es, dass Gott darauf eingegangen ist. Wenn ich jetzt zurückschaue, macht mal wieder alles Sinn; auch, dass er mich nicht sofort gesund gemacht hat. Aber ich fange besser wieder von vorne an.

Interessant finde ich, dass Johannes und ich unabhängig voneinander die Geschichte von Hiskia in der Bibel gelesen haben, einem der Könige Israels im Alten Testament. Die Geschichte hat mich sehr beeindruckt. Sie beginnt ziemlich gruselig: „Zu der Zeit wurde Hiskia todkrank".

Der Prophet Jesaja (sozusagen das Sprachrohr Gottes in der Zeit) kommt zu Hiskia und sagt ihm, dass er seine Dinge in Ordnung bringen soll, weil er sterben wird. Doch dann betet Hiskia, und Gott verspricht ihm, ihn wieder gesund zu machen. Aber er hat ihn nicht direkt einfach so geheilt, sondern Jesaja kam zu ihm und hat ihm ein Pflaster aus Feigen auf sein Geschwür gelegt. Und Gott hat dieses Feigenpflaster benutzt, um ihn gesund zu machen.

Dann kommt ein Liedtext, den Hiskia geschrieben hat, nachdem er wieder gesund geworden ist, in dem er Gott für das dankt, was er getan hat. *Irgendwas hat mir diese Geschichte zu sag*en, hab ich gedacht. Da gab es viele Parallelen zu meiner Situation.

„Ich dachte: In den besten Jahren meines Lebens
muss ich an der Schwelle des Todes stehen,
mitten aus dem Leben werde ich herausgerissen.
Mein Leben gleicht einem Nomadenzelt, das abgebrochen und
weggetragen wird.
Es ist wie ein Tuch, das zu Ende gewebt wurde.
(…)
Mit müden Augen starre ich nach oben;
ich bin am Ende, Herr, komm mir doch zu Hilfe!
Was soll ich nun im Nachhinein noch sagen?
Nur das:
Er hat mir versprochen, mich zu heilen, und er hat es
auch getan.
Nun kann ich den Rest meines Lebens gelassen verbringen.
Doch nie will ich vergessen, welches bittere Leid ich erlitten habe.
O Herr, von deinen Worten und Taten lebe ich, sie geben mir alles,
was ich brauche.
Du hast mich wieder gesund gemacht und mir von neuem das
Leben geschenkt.
(…)

HERR, du hast mich gerettet, darum wollen wir dich preisen unser Leben lang, dich loben in deinem Tempel mit Musik und Liedern."

(Jesaja 38, 10-20)

Bei diesem Dankeslied von Hiskia könnte ich heute wirklich zu hundert Prozent mitsingen. Genau so habe ich es erlebt!

Ich habe schon oft erzählt, dass Gott mich gesund gemacht hat. Aber selten habe ich darüber gesprochen, wie. Ich glaube, es ist kein Zufall, dass in der Geschichte ein Feigenpflaster erwähnt wird. Gott heilt nicht immer jeden, nicht immer sofort und oft anders, als wir es uns vorstellen. Ich konnte viel durch meinen Heilungsprozess lernen und deshalb will ich genauer davon erzählen.

Wo fange ich an? Vielleicht damit, dass ich nach meiner Taufe immer noch keine Antwort hatte, ob ich die Chemo machen sollte oder nicht. Ich erfuhr, dass in einer Uniklinik in der Nähe eine Studie mit einem neuen Medikament durchgeführt wurde, das angeblich kaum Nebenwirkungen haben sollte. An dieser Studie könnte ich noch teilnehmen. Bis ich damit anfangen konnte, würde es aber noch mehrere Wochen dauern. Das kam mir gerade recht, denn so hatte Gott noch sechs Wochen Zeit, mich gesund zu machen oder mir endlich eine Antwort zu geben, was ich tun sollte!

Ich hatte viel Gutes von einer naturheilkundlichen Klinik in Bayern gehört. *Es kann ja nicht schaden, sich das mal anzuschauen,* habe ich mir gedacht, *vielleicht ist das ja Gottes Weg, mich zu heilen. Vielleicht komme ich so um die Studie und die Chemo herum.*

Also bin ich nach Bayern gefahren, in diese Klinik. Wobei, eigentlich war es keine richtige Klinik. Zwei kleine Häuser, mitten in der Natur, komplett abgelegen, kaum Handyempfang. Ich wurde nett aufgenommen, habe viele alternative Behandlungen bekommen, die Ernährung umgestellt, gefastet und an den täglichen Andachten teilgenommen. Aber irgendwie habe ich mich doch sehr einsam gefühlt. Ich bin wie gesagt kein Mensch, der gerne allein ist. Abends und auch zwischen den Behandlungen, wenn ich in meinem düsteren kleinen Zimmer saß, habe ich meine Freunde vermisst.

Ich bin draußen spazieren gegangen, habe zu Gott gebetet, dass er mir doch endlich eine Antwort geben soll. Ich wurde immer schwächer. Selbst das Laufen wurde immer anstrengender. Weit bin ich daher nicht gekommen. Durch den dichten Nadelwald ging es hoch, die Bäume wurden weniger und ich konnte weit über die Wälder schauen. Hier stand ein Baumstamm, wie ein Stuhl, von Moos überzogen. Bis zu dem habe ich mich jeden Morgen geschleppt. Ich habe mich daraufgesetzt, in die Ferne geschaut und Gott um seine Führung gebeten.

So sind zwei Wochen vergangen. Ich wusste, dass sich der Arzt von der Uniklinik bald melden würde. Dann würde er wissen wollen, ob ich an der Studie teilnehmen wollte oder nicht. Aber ich hatte noch keine Entscheidung getroffen. Ich hatte ihn gefragt, ob es möglich sei, nur die Studie zu machen. Nein, hatte er gesagt, dazu gehörten die anschließende Hochdosis-Chemo, die Bestrahlung und eine Stammzelltransplantation. Das volle Programm. Natürlich würde ich jederzeit aussteigen können, aber dann würde der Tumor direkt wiederkommen, das hatte er mir versichert.

Alles in mir schrie danach, dass mir dieser Horror erspart bleiben sollte. Jedes Mal, wenn mein Handy vibriert hat, hatte ich Angst, es könnte der Arzt sein und ich würde mich entscheiden müssen. Ich weiß es noch ganz genau, ich fühle immer noch diesen Schrecken, als ich plötzlich nach sechs Wochen seine Nummer auf dem Bildschirm gelesen habe. Was sollte ich ihm bitte sagen?

Schließlich bin ich drangegangen. Was meine Entscheidung wäre, hat er mich gefragt. Im Unterton konnte ich hören, dass es eigentlich keine Frage war. Es war die Aufforderung, an der Studie teilzunehmen, nur als Frage formuliert. Nun stand ich da und wusste nicht weiter. Da hab ich ihm ganz ehrlich gesagt: „Ich weiß es nicht!"

Ich glaube, so eine dumme Antwort hat er auch noch nie gehört. Was es da zu überlegen gäbe, hat er mich dann auch gefragt. Ob ich nicht wisse, was für eine Chance diese Studie für mich sei und wie teuer diese neuen Medikamente wären, die ich bekommen würde. Dann hat er noch die Angstmach-Argumente ausgepackt, dass ich nicht mehr lange leben würde, wenn ich so weitermache. Und dann war Ruhe. Der Empfang war weg. Komplett weg.

Ich bin hoch in mein Zimmer gerannt und hab mich vor mein Bett gekniet. „Ich brauche jetzt eine Antwort!", habe ich Gott zugerufen. „Zeig mir, was ich tun soll!"

Dann hab ich mich umgedreht. Im Regal lag meine Bibel. Sie war aufgeschlagen. Ich kann mich nicht erinnern, wann und ob ich sie aufgeschlagen hatte. Irgendwie hatte ich das Gefühl, dass Gott jetzt endlich zu mir sprechen wollte. Ich bin aufgestanden und zum Regal gegangen. Nein, ich habe mich eher hingeschleppt. Weil ich irgendwie schon wieder daran gezweifelt habe, ob Gott mir jetzt eine Antwort geben würde. Aber Gott spricht. Darauf kann man sich verlassen. Gott spricht, wenn wir ihn ehrlich fragen und seine Antwort auch hören wollen. Wenn wir für seine Antwort bereit sind, auch wenn sie uns manchmal nicht passt.

Damals, oben bei der Kirche, war Gott mir begegnet, als ich das erste Mal in meinem Leben komplett ehrlich und offen war. Als ich wirklich hinhören wollte. Als ich eh keinen anderen Ausweg mehr gesehen hatte. Wenn ich jetzt so zurückschaue und ehrlich zu mir selbst bin, weiß ich, dass ich oft die Bedingungen zu stellen versucht hatte. Als ich meinte, Gott müsse sich mir gefälligst zeigen, mich gefälligst auf der Stelle gesund machen und gefälligst für mich Feuer vom Himmel regnen lassen.

So etwas verlangt man nicht, wenn man ehrlich nach Gott sucht. Zumindest hätte ich so nicht gefragt, wenn ich mich ehrlich an die Zeichen erinnert hätte, die er mir bei der ersten Chemo geschenkt hatte. Aber dort, da oben auf der Bank, als ich komplett am Ende war, als ich schon dachte, dass es das mit mir gewesen wäre, da hab ich ehrlich gewollt, dass Gott sich mir zeigt – so, wie er ist, und nicht so, wie ich ihn sehen will. Und da hat er mir die Tür geöffnet, da hat er sich mir gezeigt.

Jetzt war ich in einer ähnlichen Situation. Ich war mit meinem Latein am Ende und wollte wirklich hinhören, was Gott von mir wollte. Und vielleicht geht es ihm dabei gar nicht um konkrete nächste Schritte oder das, was wir jetzt genau tun oder nicht tun, sondern eher darum, wie es in unserem Herz aussieht. Ob wir ihm wirklich vertrauen. Und ob wir wirklich bereit sind, auf seine Antwort zu hören.

Hatte ich ihn bis zu diesem Moment in diesen sechs Wochen überhaupt nach einer Antwort gefragt? Oder war es nicht eher wieder so eine Art Befehl gewesen: „Gott, mach mich ohne Chemo gesund. Jetzt, hier und sofort." Und dann hatte ich mich also gewundert, warum Gott mir nicht antwortete?

Jetzt war das anders geworden. Ich wollte nicht mehr Gott meine Vorstellungen aufdrücken, sondern das tun, was *er* mir sagte. Ich war bereit, die Studie zu machen, wenn Gott das von mir wollte, auch wenn ICH das definitiv nicht wollte. Aber ich wäre auch bereit gewesen, noch länger hier in dieser Klinik zu bleiben.

Meine Bibel lag also aufgeschlagen vor mir, bei der Geschichte von König Asa. Die Überschrift war: *Asas letzte Jahre und sein Tod.*

Mein Blick fiel auf die letzten Worte von diesem Kapitel in 2. Chronik 16: „*Aber auch diesmal suchte er seine Hilfe nicht bei dem HERRN, sondern bei den Ärzten.*"

Das war für mich die Antwort, auf die ich so lange gewartet hatte! So eine Stelle gibt es nur dieses eine Mal in der Bibel und genau diesen Vers hatte ich jetzt gelesen. Asa ist daraufhin gestorben. Weil er sein Vertrauen nicht auf Gott, SONDERN auf die Ärzte gesetzt hat. Da steht nicht, dass es verkehrt ist, zu den Ärzten zu gehen, wenn man krank ist. Ich bin sicher, Gott benutzt auch die Ärzte. Verkehrt ist es, sein Vertrauen NUR auf die Ärzte zu setzen. Weil es Gott ist, der heilt. Auch dann, wenn er durch eine Studie oder ein neues Medikament oder eine alternative Methode heilt.

Vielleicht hättest du gesagt: „Ich nehme nicht an der Studie teil", wenn du diesen Bibelvers gelesen hättest. Diese Stelle konnte ja vieles bedeuten, besonders wenn man sie aus dem Zusammenhang riss. Was Gott jemandem mit einer bestimmten Bibelstelle oder durch das Zeichen, das er einem gerade schickt, sagen will, kann total unterschiedlich sein. Und für einen anderen Menschen kann genau dieselbe Bibelstelle oder das Zeichen etwas völlig anderes bedeuten – und genauso richtig sein. Das habe ich gerade in den letzten Monaten so oft erlebt. Besonders wenn es darum geht, schwierige Entscheidungen zu treffen, schwierige Probleme zu lösen oder eine Antwort auf schwierige Fragen zu finden.

Die Bibel ist kein großer Glückskeks, kein Sprüchegenerator, aus dem man sich sein „Tageshoroskop" zieht. Je nach Bedarf. Gott ist auch nicht sowas wie ein Wunschautomat, der dir immer genau dann die passende Antwort liefert, wenn du sie brauchst, und zwar so, wie es dir gefällt. Es geht ihm immer um die Beziehung. Nur in der Beziehung mit Gott bekommen die Aussagen der Bibel den individuellen Sinn für deine Situation. Und manchmal muss man sehr lange auf eine Antwort warten, oder man muss sie selbst finden.

Für mich hat diese Stelle ganz klar bedeutet, dass es total okay ist, die Hilfe von Ärzten in Anspruch zu nehmen. Ärzte leisten viel Großartiges, das ist ganz klar! Ein Problem ist es nur, wenn wir hinterher nicht Gott, sondern nur den Ärzten für den Erfolg danken. Vielleicht hatte mir Gott genau die Studie geschickt, um mir zu zeigen, dass es nicht immer nach meinem Willen geht. Vielleicht wollte er mir zeigen, dass es nicht richtig ist, ihm vorzuschreiben, was er gefälligst zu tun hat. Ich hatte ihn darum gebeten, mich gesund zu machen. Jetzt war da diese Studie, mit einem neuen Medikament, angeblich ohne große Nebenwirkungen, an der nur sehr wenige teilnehmen konnten, aber ausgerechnet *ich* konnte dabei sein. Und trotzdem wollte ich sie nicht machen. Ich wollte lieber ein möglichst spektakuläres Wunder sehen. Dabei hatte Gott sogar meine Bedingung erfüllt, es war ja schließlich kein Chemo-Medikament. Was bildete ich mir eigentlich ein?

Kurz darauf hat mein Handy wieder geklingelt. Ich wusste schon, dass es der Studienleiter war. Aber diesmal hatte ich keine Angst mehr vor seinem Anruf. Ich hatte Frieden zu dieser Entscheidung bekommen und konnte ihm klar sagen, dass ich an der Studie teilnehmen würde. Dass ich vorhatte, die „lebenswichtige" Chemo abzulehnen, habe ich natürlich nicht erwähnt. Außerdem würde es auch darauf ankommen, wie gut ich auf die Medikamente ansprechen würde. Erst dann würde entschieden werden, ob ich die starke oder eine schwächere Chemo bekommen sollte.

Ich kann nicht beschreiben, wie gut es tut, von Gott in solchen Entscheidungen Hilfe zu bekommen. Zu wissen, dass Gott mit einem geht. Dann schenkt er einem diesen göttlichen Frieden, der so unendlich guttut. Dann braucht man die getroffene Entscheidung nicht noch hunderte Male überdenken. Dann weiß man einfach, dass es richtig ist. Das ist wirklich genial.

EIN NEUES MEDIKAMENT UND EINE KRASSE ENTSCHEIDUNG

Einfach scheint es bei mir nie zu gehen

Wenig später war ich in der Uniklinik. In diesem riesigen Gebäude, wo wieder alles nach Desinfektionsmittel roch. Irgendwie sind diese Kliniken doch alle gleich. Es sind hoffnungslose Gebäude, mit diesen sterilen Zimmern und Fluren, wo kleine Kinder mit Glatzen herumlaufen. Wo man verzweifelte Mütter sieht und viel zu viele traurige Gesichter. Wo die Hoffnung auf Besserung die letzte Kraft im aussichtslosen Kampf gegen den Krebs ist.

Ich war wieder auf der Kinderstation, weil ich meinen ersten Tumor so früh bekommen hatte, dass meine komplette Behandlung unter der Kinder-Onkologie ablief. In solchen Klinikfluren hatte ich schon so viel Leid miterlebt und auch selbst erlebt.

Nein, diese Leute im weißen Kittel sind keine Halbgötter. Sie tun ihr Bestes, aber Wunder tun können sie nicht. Eine Chemo ist im Moment noch das Mittel der Wahl, aber sie ist aus meiner Sicht keine Lösung im Kampf gegen den Krebs. Es ist Gift, und es zerstört die Menschen. Vor allem Kinder.

Behandelt wurde ich hier tatsächlich wie ein König. Wahrscheinlich wurde an solchen Studien viel Geld verdient. Ein neues Krebsmedikament wurde ausprobiert. Die Auswirkungen waren noch nicht bekannt. Niemand konnte wissen, was passiert! Aber Gott wusste es, da war ich mir sicher. Gott war bei mir, und das war das Wichtigste.

Die Studie ging über etwa zwei Monate. Einmal in der Woche gab es ambulante Infusionen, von denen ich nicht viel gemerkt habe. Der Tumor wurde tatsächlich kleiner. Aber ganz weg war er nach diesen zwei Monaten noch nicht.

Das letzte MRT stand an. Wie oft hatte ich vor jedem MRT gebetet, dass dieses das letzte sein würde, dass das Ergebnis so gut sein möge, dass ich kein weiteres bräuchte. Dass ich allen Ärzten von dem Wunder erzählen konnte, das Gott getan hatte, wenn sie verwundert und ungläubig auf die Bilder schauen würden.

Aber kein Wunder passierte.

Der Tumor war noch aktiv. Er war zurückgegangen, aber nicht komplett weg. Jetzt würde die Hochdosis-Chemo anstehen, um dem Ding den Rest zu geben. Die härteste Chemo. Mit Bestrahlung und Stammzelltransplantation. Also das volle Programm. Wenn du das Einverständnis zu dieser Behandlung mit allen Nebenwirkungen unterschreibst, kannst du auch gleich dein Todesurteil unterschreiben. So hörte es sich für mich zumindest an.

Eine der möglichen Nebenwirkungen ist, dass ein neuer, anderer Krebs deinen geschwächten Körper befällt. Du wirst wahrscheinlich keine Kinder mehr zeugen beziehungsweise bekommen können. Dein Herz wird geschwächt. Alle deine Organe werden irreparabel geschädigt werden von diesem Gift. Die Haare fallen dir aus. Du wirst aufgedunsen sein. Es macht deine Haut kaputt und deine Gelenke. Zahllose schlaflose Nächte erwarten dich, unterbrochen vom endlosen Erbrechen, weil der Körper sich gegen die Vergiftung wehrt.

Und was ist das Ziel? Die Wahrscheinlichkeit, dass der Tumor nach der Chemo wiederkommt, ist um 40 Prozent geringer als ohne. Was sind das denn für Angaben? Was, wenn bei mir die anderen

60 Prozent zutreffen würden? Zu 90 Prozent sicher kommen die Nebenwirkungen. Aber diese 40 Prozent? Ich bin ja echt risikofreudig. Aber das war dann selbst mir etwas zu wenig Sicherheit.

Selbst die angeblich so gut verträglichen Infusionen während der Studie hatten Nebenwirkungen gehabt. Meine Knie schwollen an und ich konnte immer schlechter laufen. Dann haben meine Schultern und meine Hüfte angefangen wehzutun. Immer mehr haben meine Gelenke abgebaut. Nein, das käme nicht von den Medikamenten, wurde mir immer wieder gesagt. Das wären Bakterien oder Viren in meinen Gelenken. Ich solle weitermachen.

Klar geht es um viel Geld, klar kann dieses Medikament nur zugelassen werden, wenn alle Teilnehmer, also auch ich, genau den Studienplan mit anschließender Chemo befolgen. Aber ist ein Menschenleben nicht viel mehr wert als jedes Geld? Was war mit meinem Leben?

Warum konnte ich nicht einfach noch einmal das letzte Medikament bekommen? „Weil das nicht so vorgesehen ist", war die Antwort. Und außerdem wäre das für meine Gelenke nicht gut. Ach so, jetzt waren es also plötzlich doch keine Bakterien oder Viren mehr. Klang ja sehr logisch. Also, die Hochdosis-Chemo ist okay, bei der als Hauptnebenwirkung Gelenkschäden aufgeführt waren, aber das Medikament von der Studie würde mir zu sehr schaden? Es war alles so widersprüchlich.

Ich habe mir Bedenkzeit erbeten. Einen Tag habe ich bekommen. Einen Tag!

Vorher hatte ich sechs Wochen auf die Medikamente warten müssen. Da hieß es, das sei kein Problem, die Studienmedikamente beseitigen den Tumor, egal, wie groß er ist. Aber jetzt plötzlich zählte jeder Tag?!

Das war natürlich nicht der wirkliche Grund. Der Arzt wollte mir nicht zu viel Bedenkzeit geben, weil er verhindern wollte, dass ich die Studie abbreche. Weil er dann kein Geld bekommen würde, um sie weiterzuführen. Das hatte er im letzten Telefonat sogar ehrlich zugegeben. Das einzige Mal, wo ich das Gefühl hatte, dass dieser überfreundliche dunkelhaarige Arzt mit dem aufgesetzten Lächeln die Wahrheit sagt. Ich konnte nicht in sein Herz schauen. Wahrscheinlich glaubte er selbst an die positive Wirkung der Chemo oder wusste zumindest keine andere Lösung. Ich weiß es nicht.

Diesmal fiel mir die Entscheidung nicht schwer. Ich habe ihn angerufen und gesagt, dass ich mich entschieden hätte. Ich würde die Studie hier und jetzt mit diesem Telefonat beenden und zu keiner Chemo mehr in die Klinik kommen.

Da hat er versucht, mir Angst zu machen. Ich würde so nicht mehr lange zu leben haben, und dann würde mich auch kein Arzt mehr nehmen, wenn ich später doch nochmal die lebensrettende Chemo machen wollte. Er hat alle seine Überzeugungskünste angewandt. Über eine Stunde ging das Gespräch.

Irgendwann konnte ich nicht mehr. Ich bin in Tränen ausgebrochen und habe ihm gesagt, was ich schon die ganze Zeit gedacht habe: dass ich für ihn nur eine Nummer bin. Dass es ihm nicht um meine Gesundheit geht und dass er vor allem nicht ehrlich ist, nicht ehrlich zu mir und nicht ehrlich zu sich selbst.

Das war direkt gewesen. Seine Antwort aber auch: Er wünschte mir viel Erfolg, was auch immer ich probieren würde. Noch nicht mal in Kontakt bleiben wollte er. Wäre es nicht interessant gewesen zu sehen, wie lange ich es schaffe zu überleben und wie?

Ich weiß nicht, warum ich so emotional geworden bin in diesem Moment. Aber ich glaube, das ist menschlich. Auf der einen Seite war dieser Arzt, der sicher auch gute Motive hat oder zumindest mal hatte. Auf der anderen Seite wollte ich nicht, dass mich die Chemo nochmal zerstört. Und ich glaubte daran, dass es richtig wäre, auf Gott zu vertrauen und die Chemo abzulehnen.

Doch es war trotz allem nur ein kleiner Glaube. Ich kannte Gott noch nicht so lange. Würde er mich wirklich ohne Chemo heilen? Würde er es wirklich machen?

Bitte versteh mich nicht falsch: Ich bin total dankbar, dass es Ärzte und die moderne Medizin gibt. Die meisten Ärzte und vor allem auch das Pflegepersonal tun jeden Tag alles Menschenmögliche und mehr, um anderen zu helfen. Und ganz oft gelingt ihnen das ja auch. Dass ich mich in diesem Fall gegen den ärztlichen Rat entschieden habe, hatte viele Gründe und heißt absolut nicht, dass ich sie grundsätzlich in Frage stelle.

Ich war immer noch schwach, immer wieder hatte ich diese Schmerzen in der Brust. War das der Tumor, der hinter meinen Rippen, direkt zwischen den Lungen, neben meinem Herzen, wieder weitergewachsen war?

Und doch hab ich mich so unglaublich frei und wohl gefühlt bei dieser Entscheidung. Ich weiß noch genau, wie ich da am Tisch saß nach diesem Telefonat, draußen war mal wieder dieses trübe Wetter, die Regentropfen haben leise gegen meine Scheibe geklopft. Aber in mir war kein Regenwetter mehr, keine Zweifel oder Fragen. In mir hat es sich angefühlt wie ein Sieg. Als hätte ich es endlich geschafft, die richtige Entscheidung zu treffen. Nein, im ersten Moment war es nicht leicht gewesen. Danach aber umso besser!

"ES KANN JA NICHT SCHADEN"

Was man alles so probiert

Schön wär's, wenn ich jetzt erzählen könnte, dass es von da an mit meiner Gesundheit steil bergauf ging. Doch so war es leider nicht. Tatsächlich ging es mir sogar so schlecht, dass meine Eltern und meine Freunde zeitweise dachten, dass es das jetzt war mit mir. Ich selbst habe so einiges aus dieser Zeit echt total verdrängt, oder vielleicht war es auch so dramatisch schlimm, dass ich wirkliche Aussetzer hatte.

Meine Mutter hat mir deshalb folgendes Erlebnis aufgeschrieben, das ich so gar nicht mitbekommen hatte:

5. Dezember 2018

Es ging Philipp sehr, sehr schlecht, er hatte schlimme Schmerzen in den Gelenken. Nachts schwitzte er wieder extrem, wie zur Zeit des ersten Tumors, und musste sich mehrmals umziehen, sodass wir davon ausgehen mussten, dass der Tumor wieder aktiv war. Der Arzt, der die letzte Blutprobe genommen hatte, hatte mir gesagt, dass Philipps Blutwerte „die eines Sterbenden" seien.

Eines Tages fand ich ihn weinend vor Schmerzen und Angst vor, weil er keine Luft mehr bekam, sehr starkes Herzrasen hatte und sich gar nicht mehr aufrichten konnte. Jeder normale Mensch hätte in dieser Situation einen Notarzt gerufen. Aber was wäre dann passiert? Die Sanitäter hätten Philipp ins nächste Krankenhaus verfrachtet, wo man dann festgestellt hätte, dass Philipp wieder in die Onkologie müsse, zur Chemo… Ich glaubte nicht, dass er das überleben würde, dachte sogar einen Moment, dass ein Leichenwagen schonender wäre…!

Ich war total verzweifelt, kniete mich auf den Teppich und betete, beziehungsweise wusste ich gar nichts zu beten, sondern sagte nur immer wieder „Jesus!"

Noch während ich so da hockte, klingelte das Telefon und ein Mann war dran: Markus W., der einen eigenen Ansatz der Krebstherapie entwickelt hatte und den ich vor einiger Zeit einmal kurz telefonisch gefragt hatte, ob er uns vielleicht bei Philipps Therapie helfen könne. Ausgerechnet in diesem Moment meldete er sich! Ich schilderte ihm kurz die kritische Lage und fragte, ob er vielleicht noch heute vorbeikommen könne, um die Situation einzuschätzen. In seiner sehr ruhigen und beruhigenden Art stimmte er zu und wollte am Nachmittag da sein.

Als ich das dann beim Mittagessen Johannes berichtete, war er kritisch und fragte skeptisch nach. Er traute den ganzen „Wunderheilern" mit ihren Naturmethoden nicht über den Weg.

Markus W. kam mit mehreren ominös aussehenden Geräten. Johannes hatte noch die Freunde Sinan und Luna zu uns bestellt, die kritisch aufpassen sollten, dass ja kein Scharlatan an Philipp Hand anlegen würde. So saß Markus W. wie auf einer Anklagebank auf unserm Sofa, alle um ihn herum, erklärte uns seine Vorschläge zur Therapie und beantwortete sehr geduldig alle Fragen. Dann waren auch Luna und Sinan beruhigt.

Johannes stellte dann die spannende Frage: „Und was soll das jetzt alles kosten?", worauf Markus W. etwas verlegen meinte, dass er ja kein Arzt sei und auch kein Heilpraktiker, sondern einfach nur helfen möchte.

An dieses erste Gespräch kann ich mich erinnern. Wir saßen im Wohnzimmer unserer Eltern und hörten dem Mann zu, der mehrere große Kisten mit den verschiedensten Geräten dabeihatte. Das Interessanteste war das ziemlich wild aussehende Rife-Gerät, ein Frequenzgenerator, der schon vor über 100 Jahren erfunden wurde. Angeblich war es damals nicht im Interesse der Pharmaindustrie gewesen, dieses Gerät bekannt zu machen, der Mitarbeiter des Erfinders wurde umgebracht, sein Labor und seine Erfindung sind verbrannt. So kann man es zumindest in alten Berichten nachlesen.

Ich muss ganz ehrlich sagen, dass ich nicht gerade viel Vertrauen in dieses Gerät hatte. In Bayern hatte ich bereits schlechte Erfahrungen mit einer alternativen Behandlung gemacht und war ziemlich misstrauisch. Und ich weiß natürlich auch, dass die diversen alternativen Behandlungsmethoden bei Krebs sehr umstritten sind. Trotzdem denke ich, dass Gott auch so etwas nutzen kann, genau wie er bei Hiskia den Feigenumschlag benutzt hat.

Und schaden würde es wohl auch nicht. Deshalb habe ich mich davorgesetzt. Teilweise vier Stunden am Tag. Irgendetwas faszinierte mich schon ein wenig an dieser blau leuchtenden Röhre, die ab und zu in unregelmäßigen Abständen geflimmert hat. Ein bisschen hat es mich an die Bestrahlung im Krankenhaus erinnert, was nicht so schön war. Aber diesmal sollte es ohne Nebenwirkungen abgehen, höchstens einige Anzeichen für eine stattfindende Entgiftung seien zu erwarten, hieß es. Spüren konnte man natürlich nichts, und eine schlagartige Veränderung würde auch nicht eintreten.

Jetzt hatte ich wieder Zeit. Zeit, um nachzudenken. Dazu hatte ich sonst selten Gelegenheit, nie den Kopf frei, um mir Gedanken über mein Leben zu machen, über alles, was in der letzten Zeit passiert war und was ich daraus lernen könnte. Ich glaube, das geht jedem so. Wann macht man sich schon Gedanken über den

Sinn des Lebens, über die Frage nach dem Woher, nach dem Wohin und vor allem nach dem Warum?

Warum mache ich gerade das, was ich mache? Bin ich da einfach so hineingerutscht? Vorgenommen hatte ich mir ja nie, YouTube zu machen. Bekannt zu werden oder viel Geld zu verdienen war nie mein Ziel gewesen. Und trotzdem hätte ich mir nichts Besseres für mich vorstellen können, mir keinen Beruf ausmalen können, in dem ich meine Begabungen besser hätte einsetzen können.

Außerdem war es für mich immer noch eine wichtige Vision, die wir verfolgten: Die Leute wieder raus ins Real Life zu bringen, sie zu motivieren, etwas im echten Leben zu machen, gemeinsam mit anderen etwas Tolles auf die Beine zu stellen, das Leben im Hier und Jetzt zu leben und auszukosten und sich gegenseitig zu helfen. Hinter dieser Vision stand ich immer noch zu 100 Prozent, und ich wünschte mir, dass ich bald wieder daran mitwirken konnte. Und dass das auch in Gottes Sinne war.

In den folgenden Monaten haben wir versucht, so ziemlich alle alternativen Therapien zu kombinieren, die sich halbwegs erfolgversprechend anhörten.

Ich habe meine Ernährung umgestellt und keine Kohlehydrate mehr gegessen, da sich Krebszellen angeblich hauptsächlich von Kohlehydraten ernähren. Das hieß: kein Zucker, keine Nudeln, kein Reis, selbst bei Salatblättern musste ich aufpassen. Ich bin sehr froh, dass mir meine Mutter in dieser Zeit viel geholfen hat und mich dabei unglaublich unterstützte. Allein hätte ich das wohl nie geschafft.

Tatsächlich habe ich nach der Behandlung mit dem Rife-Gerät nach einigen Wochen nicht mehr nachts geschwitzt, wie es vorher extrem der Fall gewesen war. Ich habe mich auch insgesamt

deutlich fitter gefühlt. Die ganze Zeit hat mich ein Bibelvers begleitet und ist für mich zu so einer Art Lebensmotto geworden:

Aber alle, die ihre Hoffnung auf den Herrn setzen,
bekommen neue Kraft.
Sie sind wie Adler,
denen mächtige Schwingen wachsen.
Jesaja 40, 30-31

Unser „Schloss im
Wald" wird so schön,
wie Elli es sich
gewünscht hatte.

Noch mit dickem Knie im Offroad-Rollstuhl,
den Johannes für mich gebaut hat.

Doch bald konnte ich wieder bei crazy Aktionen
mitmachen – wie der Riesen-Godzilla-Rückenflosse.

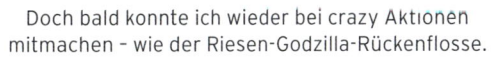

Bei der Quandem-Tour nach Berlin schlossen sich
uns viele Fans und Follower an und fuhren einen Teil
der Strecke mit uns – weil es nun mal das Beste ist,
im Real Life mit echten Leuten Spaß zu haben!

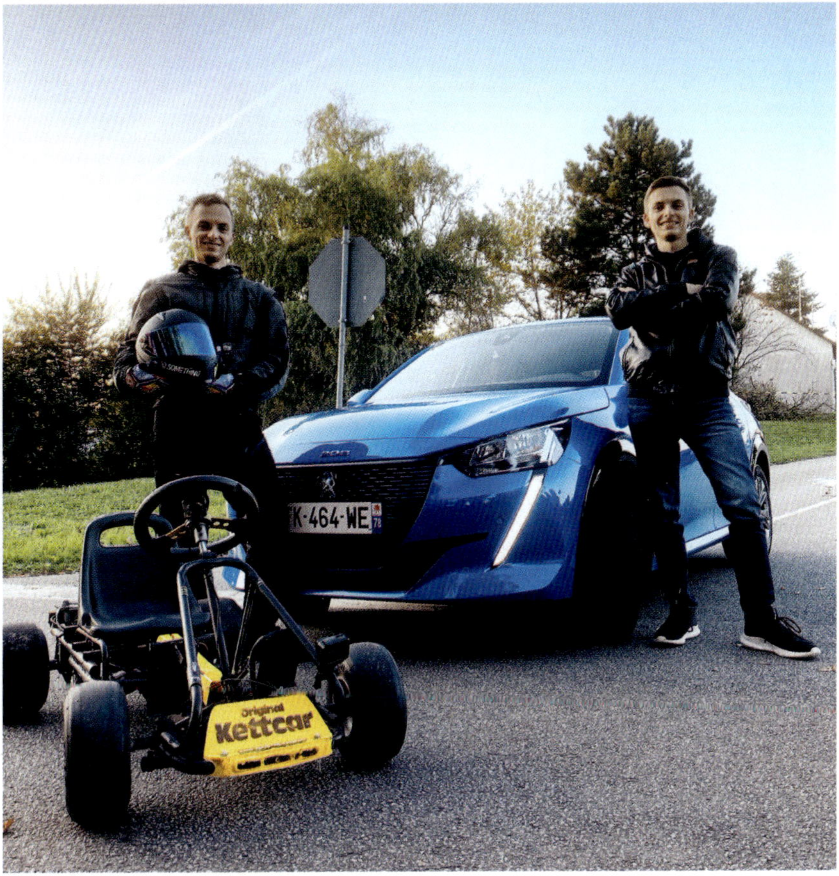
K-464-WE
Original
Kettcar

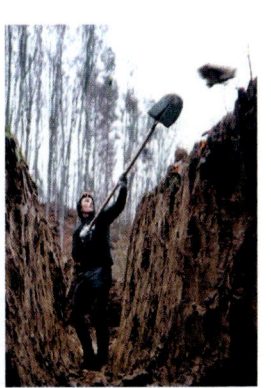

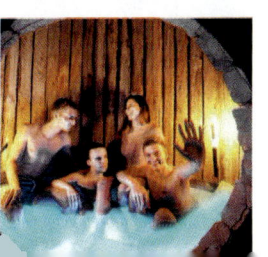

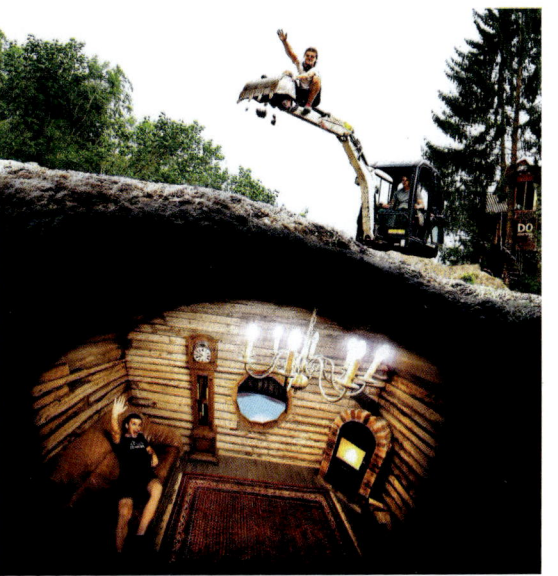

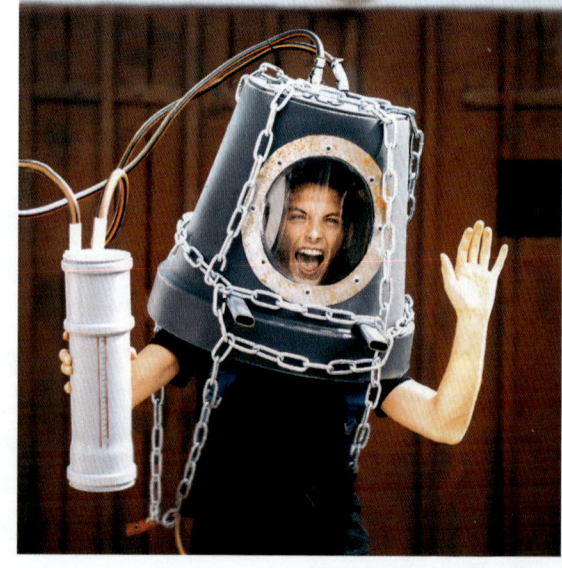

Die Hornbach-Loopingbahn-Aktion war sicher bisher unsere größte, aber vermutlich nicht die verrückteste.

Wer mitverfolgen will, was wir Neues aushecken, wie zuletzt die Wasserrutsche, die wir aus 30 Badewannen zusammengebaut haben, kann gern auf unserem YouTube-Kanal oder auf Instagram vorbeischauen:

▶ the-real-life-guys   the_real_life_guys

Die coolen Hoodies, T-Shirts und anderen Kram gibt es in unserem Shop:
🖥 www.do-something.de

GAR NICHT SO EINFACH ZU WISSEN, WAS RICHTIG IST

Hinterher ist man immer schlauer

Ein paar Wochen später saß ich im Wartezimmer meiner Hausärztin; eigentlich wollte ich nur ein Rezept für die Physiotherapie abholen, wenn ich mich richtig erinnere. Meine Knie waren immer noch deutlich angeschwollen, ich konnte nur unter Schmerzen laufen und schleppte mich mehr schlecht als recht in dieses überfüllte Wartezimmer.

Ein älterer Mann, der auch dort wartete, schaute sich meine Knie lange nachdenklich an. Als er von seiner Behandlung zurückkam, meinte er, ich solle ihm doch bitte mal in das Zimmer nebenan folgen. Er sei Orthopäde, Leiter der orthopädischen Abteilung im nahegelegenen Krankenhaus. Eigentlich war er hier nur zu einer Routineuntersuchung gewesen, doch nun hatte er meine Knie gesehen und wollte mir helfen. Am liebsten hätte er direkt an Ort und Stelle eine Punktierung durchgeführt, da er Keime in den Knien vermutete.

Ich erzählte die Geschichte von meinem Tumor und von der Studie und meiner Vermutung, dass die geschwollenen Gelenke eine Nebenwirkung des Medikaments waren. Er ließ mir keine Ruhe: Wenn Keime in den Gelenken wären, müsse das Knie sofort operiert werden, sonst bestünde die Gefahr, dass irreparable Schäden entstehen und ich mein Knie nie mehr richtig benutzen könnte. Von der Punktierung gleich dort im Nebenraum der

Hausärztin konnten wir ihn zum Glück abhalten, bekamen aber direkt am nächsten Tag einen Termin bei seinem Kollegen in der Orthopädie.

Da saß ich also schon wieder im Krankenhaus. Schon wieder dieses ewige Warten. Diesmal war ich umgeben von alten Menschen, die alle kaum laufen konnten. Mega unwohl hab ich mich gefühlt, richtig fehl am Platz. Ich kam mir viel zu jung vor, doch zugegebenermaßen fühlten sich meine Gelenke an wie die eines alten Opas. Ich musste mittlerweile Krücken benutzen, weil ich so schlecht laufen konnte. Irgendwie passte es also doch.

Nun sollte mein schlimmeres Knie also punktiert werden. Was das bedeutet, hatte ich am Tag vorher gegoogelt: Mit einer langen Nadel würde eine Probe aus der Gelenkflüssigkeit entnommen, die dann auf Bakterien überprüft wurde.

Angst vor Nadeln habe ich eigentlich nicht. Und doch ist es ziemlich unangenehm, eine gefühlt 20 Zentimeter lange Nadel mitten ins Knie geschoben zu bekommen. Aber meine Hauptsorge war, dass nicht nur Gelenkflüssigkeit und die eventuellen Bakterien herausgeholt würden, sondern dass neue Bakterien hineingeschleppt würden. Hunderte Berichte gab es über solche Sachen im Internet. Aber einmal könnte ich doch auch Glück haben, dachte ich mir. Etwas unnötig fand ich die ganze Aktion schon, da ich ja davon ausging, dass die Gelenke durch die Studie geschädigt worden waren und nicht durch Bakterien. Aber ob das stimmte, das würde das Ergebnis ja zeigen.

Das kam etwa zwei Wochen später. Ein gelber Zettel wurde mir von einer besorgten Krankenschwester in die Hand gedrückt. Diesen Gesichtsausdruck kannte ich mittlerweile, das hatte definitiv nichts Gutes zu bedeuten. In meinem Knie waren tatsächlich Keime gefunden worden, ich sollte es schnellstmöglich operieren lassen, sonst würde ich das Bein möglicherweise nie mehr gebrauchen können. Und wirklich war es in den letzten Wochen sogar noch schlimmer geworden. Ich musste mich nun mit einem Roll-stuhl fortbewegen, weil ich gar nicht mehr laufen konnte.

Also musste ich wieder ins Krankenhaus, diesmal stationär. Genau dorthin, wo ich unter keinen Umständen mehr hinwollte. In dieses Gefängnis, diese hoffnungslose Umgebung, dieses nach Desinfektionsmittel stinkende Zimmer.

Der Arzt, der mir gegenübersaß, meinen Befund anschaute und meine Akte las, setzte plötzlich eine sehr kritische Miene auf. Hatte ich etwas falsch gemacht? Er rückte seine Brille zurecht, schaute mich skeptisch an und fragte mich, ob ich denn überhaupt machen würde, was er vorschlug. Er hatte also gelesen, dass ich die Studie gegen den Willen der Ärzte abgebrochen hatte, dass ich offiziell noch krank war und dass mein Tumor anscheinend noch aktiv war. Warum ich die Studie abgebrochen hatte, wollte er wissen.

Dass ich Ärzten nichts von meinem Glauben, von Ernährungsumstellungen oder einer alternativen Behandlung zu erzählen brauchte, war mir mittlerweile klar. Also hab ich mich da irgendwie rausgeredet. Ich war schließlich nicht wegen meinem Tumor hier, sondern wegen meinem Knie, und das hatte doch nichts miteinander zu tun.

Ich habe deutlich gespürt, wie der Arzt mich für diese Entscheidung verurteilt hat. Ich habe mich fast wie ein Verbrecher gefühlt, der ständig die einzig richtige Meinung der allwissenden Ärzte kritisiert und missachtet. Dabei hatte ich einfach nur ein einziges Mal Nein zu einer Chemo gesagt, zu diesem Gift, das ich doch schon kannte und nie mehr erleben wollte.

Gut, diesmal würde ich ein braver Patient sein, habe ich da beschlossen. Kurze Zeit später lag ich also wieder in einem dieser weißen Betten, konnte den ganzen Tag lang die Zimmerdecke anschauen, Bücher lesen und alles machen, was man in so einem kleinen Zimmer machen kann. Also nicht viel.

Ich hasse dieses Gefühl, nichts tun zu können. Zu Hause war ich wenigstens bei meinen Freunden gewesen, wurde im Rollstuhl durch die Gegend gefahren und konnte irgendwie am normalen Leben teilhaben. Hier hab ich sehr schnell abgebaut, ich konnte fast zusehen, wie meine Beine alle Muskeln verloren und meine Lebensfreude getrübt wurde.

Vor dieser Zeit war ich öfter im ICF (International Christian Fellowship) Rhein Neckar, einer Freikirche in der Nähe von Heidelberg gewesen. Der Pastor Daniel bot mir an, vorbeizukommen, zusammen mit der Frau des Standortpastors aus Karlsruhe, Sybille. Sie wollten für mich beten.

Okay, dachte ich. *Warum nicht?* Ein paar Tage später waren die beiden dann da. Ich hatte wirklich nicht damit gerechnet, dass sie sich so schnell für mich Zeit nehmen würden.

Die OP war für Montag angesetzt. Bis dahin waren es noch drei Tage, eigentlich Zeit genug für ein kleines Wunder, dachte ich. Das wäre doch eine gute Sache, wenn ich einfach gesund werden würde und dem Arzt mein nicht mehr geschwollenes Knie präsentieren könnte. Eine richtig coole Geschichte. Daniel und Sybille haben nicht mit irgendwelchen Zauberformeln gebetet. Ganz einfach haben sie Gott darum gebeten, dass es nicht nötig sein möge, dass ich diese OP machen müsste. Das war's.

Passiert ist natürlich wieder nichts.

Als ich vorhin die Geschichte von König Hiskia aufgeschrieben habe, ist mir der letzte Satz neu aufgefallen:

Als Jesaja den todkranken König besuchte, ordnete er an,
man solle einen Umschlag aus gepressten Feigen auf Hiskias
Geschwür legen, damit er bald wieder gesund werde.

Hiskia aber wollte von Jesaja wissen: „Woran kann ich
erkennen, dass ich geheilt werde und wieder zum Tempel
gehen kann, um den HERRN anzubeten?"

Hiskia hatte Gott vorher schon mal um ein Zeichen gebeten. Da
hatte sich der Schatten von der Sonnenuhr um eine Stunde zu-
rückbewegt. Das war ein krasses Zeichen gewesen. Hiskia hatte
Gottes Eingreifen also mehr als deutlich gesehen und fragte doch
wieder nach einem Zeichen. Ob er eins bekommen hat, wissen wir
nicht. Es steht auch nicht da, wie lange es noch gedauert hat, bis
Hiskia durch das Feigenpflaster geheilt wurde. Er scheint jedenfalls nicht von einer Sekunde auf die andere gesund geworden zu
sein, obwohl Gott das sicher auch hinbekommen hätte. Aber er ist
gesund geworden. Er hatte Gott darum gebeten, und Gott hatte
versprochen, ihn zu heilen. Als ich die Geschichte zum ersten Mal
gelesen hatte, habe ich mich noch gefragt, warum Hiskia denn so
ungläubig gewesen war. Zu ihm war doch extra ein Prophet gekommen, der ihm mitgeteilt hatte, dass Gott ihn heilen würde!

Aber war ich jetzt nicht sogar in einer ähnlichen Situation?
Gott hatte mir ja nun wirklich auch krasse Zeichen geschenkt.
Und trotzdem hätte ich Daniel und Sybille am liebsten gefragt,
was denn wohl das Zeichen wäre, dass ich die OP jetzt nicht mehr
brauche.

So sind wir Menschen eben. Wir zweifeln, wir denken rational,
wir vertrauen einfach viel zu wenig. Glauben heißt, etwas zu erwarten, was man nicht sieht – nicht etwas zu erwarten, was man
eh schon sieht und was eindeutig ist.

Mir hat dieses Gebet irgendwie nicht gereicht. Deshalb habe ich
an dem Abend nochmal die Bibel aufgeschlagen. Durch sie hatte
Gott ja schon öfter zu mir gesprochen. Was ich dann las, traf mich
tatsächlich:

Doch ich segne jeden, der seine Hoffnung auf mich,
den Herrn, setzt und mir ganz vertraut. (...)
HEILE DU MICH, HERR, dann werde ich geheilt,
hilf mir, dann ist mir geholfen!
Dich allein will ich preisen!
(Jeremia 17,7;14)

Irgendwie hatte ich das Gefühl, dass ich die Operation nicht zu machen brauchte. Dass Gott mich einlud, in dieser Sache ganz auf ihn zu vertrauen. In dem Vers stand nicht, dass es verkehrt war, sich von Menschen helfen zu lassen. Es ging darum, sein Vertrauen nicht **nur** auf Menschen zu setzen. Ich denke auch nicht, dass diese Stelle für jeden genau das aussagt, aber ich verstand sie als Aufforderung, diesmal ganz auf Gott zu vertrauen. Ich hatte das Gefühl, dass es richtig gewesen wäre, einfach zum Arzt zu gehen und ihm zu sagen, dass ich die Operation nicht machen würde.

Zusätzlich hatte mich noch ein Physiotherapeut verunsichert, der meinte, dass die Schwellung im Knie nicht durch eine Infektion ausgelöst worden war. Außerdem waren es anscheinend Hautkeime, die nach der Punktion diagnostiziert worden waren, und nicht die Art von Bakterien, die in Gelenken sitzen.

Aber dann dachte ich wieder an den Arzt, wie er mich so kritisch angeschaut hatte und gefragt hatte, ob ich die OP denn überhaupt machen würde. Und zu 100 Prozent war ich mir doch auch nicht sicher, ob es das Richtige wäre, das Knie nicht operieren zu lassen. Ich steckte in einer echt schwierigen Situation fest.

Johannes kam mit Sinan, Eric, Janet und Luna im Krankenhaus vorbei, er hatte einen richtig coolen Offroad-Rollstuhl für mich gebaut!

Der bekam im zweiten Schritt einen krassen Motor und musste natürlich auf Herz und Nieren getestet werden. Das war eine mega schöne Abwechslung in dieser düsteren Krankenhauszeit.

Überhaupt war ich sehr dankbar, dass mich in dieser Zeit wieder so viele meiner Freunde besucht haben und einfach Zeit mit mir verbracht haben, obwohl es hier doch absolut nicht spannend war. Da habe ich wieder einmal gemerkt, wer die wahren Freunde sind, die zu einem halten, egal, wie viele Abonnenten man auf YouTube hat und ganz egal, ob irgendein spannendes Projekt am Start war.

Janet ist in dieser Zeit tatsächlich fast jeden Tag gekommen, das hat mich echt berührt! Allein die Fahrzeit war doch ganz schön lange, fast eine Stunde mit der Parkplatzsuche. In solchen Situationen wird man wieder daran erinnert, worauf es wirklich im Leben ankommt, dass es nicht darum geht, möglichst heftige Adrenalinschübe zu erfahren, möglichst große Aufmerksamkeit zu bekommen oder möglichst viele verrückte Aktionen zu starten.

So sind die drei Tage vergangen, ohne dass der Doktor sich mein Knie erstaunt angesehen hätte und überrascht festgestellt hätte, dass die Operation nicht mehr notwendig sei. Überhaupt wollte sich kein Doktor mehr mein Knie anschauen, die OP war geplant und sollte so durchgeführt werden.

Als ich schon im OP lag, meinte der Arzt auf mein allerletztes Nachfragen nochmal, dass es durchaus dringend nötig sei, das Knie zu operieren, da ich es sonst nie mehr richtig bewegen könnte. Auf der weißen vorgewärmten Liege, kurz vor der großen durchsichtigen Schiebetür, die in den OP-Saal führte, hatte ich auch nicht mehr die Kraft, die Operation zu verweigern.

Nach der OP und einigen weiteren Eingriffen stellte sich letztlich heraus, dass das alles unnötig gewesen war. Ich hätte Gott wohl mal besser vertraut. Anscheinend waren keine Keime in meinem Knie gefunden worden. Was mir die Ärzte nicht sagen konnten, war, ob nie welche drin gewesen waren, oder ob mittlerweile keine mehr da waren. Bei der vorhergehenden Punktion waren definitiv Keime gefunden worden, aber es war unklar, ob dies einfach nur Hautkeime gewesen waren, die durch eine unsaubere Nadel in mein Knie gelangt waren.

Mein Knie ließ sich nach der OP noch schlechter bewegen als vorher, ich konnte es nur noch ungefähr um 10 Grad beugen. Meine Muskeln hatten so sehr abgenommen, dass ich fast nur noch im Bett liegen konnte und es nur mit größter Mühe zur Toilette schaffte. Jetzt hieß es, dass ich wahrscheinlich eine Art Rheuma hatte, das mich mein Leben lang begleiten würde.

Bei der Entlassung eine Woche später drückte mir der Arzt eine große Plastiktüte mit unzähligen Medikamenten in die Hand, unter anderem hochdosiertes Cortison. Die sollte ich brav nehmen, die meisten wahrscheinlich mein ganzes Leben lang. Das eine Medikament müsse ich mindestens ein halbes Jahr lang nehmen, jeden Tag drei Tabletten, bevor ich überhaupt eine Wirkung spüren könnte, hieß es. Ich war etwas schockiert von diesen ganzen Schachteln und Dosen. Die zu erwartenden Nebenwirkungen dieser Medikamente waren teilweise ganz schön heftig.

Unsere Freundin Alex holte mich von der Klinik ab, ihr Bruder ist Arzt. Ich zeigte ihr meinen beeindruckenden Medikamentenbeutel, woraufhin sie die Liste der Medikamente ihrem Bruder schickte. Der strich erst mal die Hälfte raus, da die Wirkung seiner Meinung nach nicht im Verhältnis zu den Nebenwirkungen stand. Nach und nach habe ich auch den Rest weggelassen. Das empfehle ich aber ganz sicher nicht zur Nachahmung! Normalerweise haben die Medikamente, die Ärzte verschreiben, ihren guten Sinn und sollten auch eingenommen werden. Ich habe in meiner speziellen Situation anders entschieden – auf meine eigene Verantwortung.

Es hat noch eine ganze Weile gedauert, bis die Schwellung komplett zurückgegangen ist. Ich musste mich erst ganz langsam wieder daran gewöhnen, meine Gelenke zu bewegen, habe viel Krankengymnastik und Dehnübungen gemacht. Es war mühsam und schmerzhaft – aber es funktionierte.

ZURÜCK IM REAL LIFE

Endlich wieder verrückte Sachen machen

Jetzt, wo es mir langsam besser ging, konnte ich auch wieder mehr bei unseren neuesten Projekten für YouTube mitmachen. Nachdem ich ihn nicht mehr brauchte, schenkten wir den Offroad-Rollstuhl einem jungen Mann, der durch eine Erkrankung nicht mehr laufen konnte. Und merkten nicht erst durch diese Aktion wieder mal, dass es am allerschönsten ist, anderen Menschen eine Freude zu machen. Deshalb haben wir auch auf unserem Kanal die Zuschauer aufgefordert, uns ihre Ideen zu schreiben, was wir noch an ungewöhnlichem Zeug für Leute tun könnten, die irgendwie Hilfe oder einfach nur eine kleine Aufmunterung brauchen.

Wir bauten auch an unserem Baumhaus weiter, das nun neben einer Fußbodenheizung mit kompletter Smarthome-Technik ausgestattet war. Als Nächstes wollten wir statt hoch in den Bäumen ein Haus unter der Erde in Angriff nehmen und hoben mithilfe von vielen Freunden und einem Bagger eine gemütliche Erdhöhle aus, komplett mit Lavabahn, Badewanne und Klavier. Außerdem bastelten wir eine Art Rhönrad aus einem alten Schaukelstuhl, ein krasses Turbo-Kettcar, eine Taucherglocke aus einem Blumentopf und mit Akkuschraubern motorisierte Inline-Skates. Wir machten einen Roadtrip nach Südfrankreich, trampten nach Marokko und bauten aus einem alten Tandem und mehreren Fahrradrahmen ein „Quandem", also ein Fahrrad für vier Personen, mit dem wir nach Berlin radelten.

Das größte und verrückteste Projekt unserer bisherigen Laufbahn kam dann im Winter 2019: Hornbach hatte das Unmögliche möglich gemacht, und wir wurden zusammen mit 35 Freunden von Samstagabend bis Montagfrüh in einem Hornbach-Baumarkt eingesperrt. Dort durften wir uns einen totalen Kindheitstraum verwirklichen und alles an Material und Werkzeug benutzen, was wir vorfanden, um eine Achterbahn zu bauen. Natürlich mit einer Badewanne als Gefährt.

Fast ohne zu schlafen arbeiteten wir 48 Stunden durch, fluteten aus Versehen den Markt, bauten Brücken und Schienen, bis eine echte Achterbahn mit Looping zwischen den Regalen stand. Nach unzähligen Versuchen schafften wir es tatsächlich durch den Looping und in den Pool, der am Ende auf uns wartete, und konnten es kaum fassen[10].

Als es dann daran ging, unseren großen Jahresrückblick auf 2019 zusammenzustellen, fragte ich mich, ob ich darin auch etwas zum Thema Glauben sagen sollte. Ich war ein bisschen hin- und hergerissen. Einerseits hatten wir auf YouTube noch nie etwas darüber gesagt (und auch nicht viel über meine Krebserkrankung) und es kam uns ein bisschen komisch vor, jetzt damit anzufangen. Andererseits hatten wir uns ja „The Real Life Guys" genannt, weil es uns darum ging, das echte, wahre Leben zu zeigen, das da draußen jenseits von Social Media und der virtuellen Welt stattfindet. Unser Real Life eben, mit allen verrückten Ideen und Aktionen, aber eben auch mit den nicht so schönen Seiten.

Nach Ellis Tod hatten wir auch auf YouTube über sie gesprochen und ein Tribute-Video über sie gemacht, und so viele Leute hatten darauf unglaublich positiv reagiert. Und sowohl die Krebsgeschichte als auch die Sache mit Gott waren nun mal ein sehr großer und wichtiger Teil unseres Real Life, sodass es uns falsch vorkam, nichts darüber zu sagen. Und ich dachte mir auch, dass es bestimmt noch viele Leute auf YouTube gab, die selbst mit Krebs oder anderen krassen Krankheiten zu tun hatten und denen es vielleicht helfen würde zu sehen, dass sie nicht allein sind.

Inzwischen habe ich unzählige Nachrichten bekommen von Menschen, die in einer ähnlichen Situation waren und wissen wollten, wie ich mit alledem umgehen konnte. Warum mir nie die Haare ausgefallen waren, denn ich hatte mal auf YouTube gesagt, was für einen Tumor ich hatte. Manchem aufmerksamen Zuschauer war aufgefallen, dass eine Chemo bei so etwas als einzige Heilungsmöglichkeit galt. Diese hatte ich aber offensichtlich nie gemacht. Dass ich das in den Videos nicht hätte verstecken können, war wohl offensichtlich.

Ich würde am liebsten mit jedem dieser Leute persönlich reden und ihm Mut machen und von meinen Erfahrungen erzählen. Weil ich das aber schon allein zeitlich nicht schaffen kann, hoffe ich, dass ich durch dieses Buch etwas Hoffnung schenken und viele Fragen beantworten kann.

Natürlich wollten wir, dass unsere YouTube-Videos richtig cool sind, gute Laune verbreiten und Lust machen, selbst loszugehen und das Leben mehr auszukosten. Deshalb haben wir natürlich immer die spannendsten und dramatischsten Sachen gezeigt und weniger die oft langwierigen Vorbereitungen oder die vielen Pannen und Rückschläge, die genauso zu jedem Projekt dazugehören.

Daher hatten wir uns überlegt, dass wir einen zweiten Kanal aufmachen, „Real Life Behind the Scenes", bei dem man für einen geringen Betrag Mitglied werden und dafür Videos darüber sehen kann, was bei unseren Projekten auch mal schiefgeht und wie viel

Arbeit dahintersteckt. Sozusagen das noch realere Real Life. Das fand bei unseren Followern großen Anklang, was uns sehr freute.

Was wir schon immer gemacht hatten, war, die Leute, die unserem Kanal folgten, möglichst oft in unsere Aktionen einzubinden. Auf der Radtour nach Berlin mit dem Quandem hatten wir zum Beispiel unseren jeweiligen aktuellen Standort geteilt, und überall unterwegs sind Fans dazugestoßen und haben sich uns für kurze oder auch längere Strecken angeschlossen.

Immer wieder haben wir für unsere neuen Projekte Vorschläge aus den Kommentaren aufgenommen und umgesetzt. Oder wir haben die Leute auf YouTube gebeten, uns für unseren Heißluftballon selbst bemalte Bettlaken zuzuschicken, um das Projekt zu unserem gemeinsamen Ding zu machen. Weil es uns darum ja immer ging und auch heute noch geht: gemeinsam unterwegs zu sein, gemeinsam etwas auf die Beine zu stellen und es dann gemeinsam zu genießen. Sich gegenseitig zu helfen, wenn es mal nicht so toll läuft, sich zu unterstützen und füreinander da zu sein. Und das wollten wir jetzt noch mehr denn je.

Nun war also der Moment gekommen, ganz „offiziell" auch mal was zu meiner Erkrankung und der Rolle von Gott in unserem Leben zu sagen. Ich habe schon kurz die Luft angehalten, wie wohl die Reaktionen auf unser „Outing" ausfallen würden. Schließlich wusste ich noch zu gut, wie ich selbst noch vor wenigen Monaten über Menschen gedacht hatte, die öffentlich sagen, dass sie an Gott glauben. Nämlich dass das im besten Fall irrationaler Quatsch ist und diese Person wohl leicht den Realitätsbezug verloren hat. Doch jetzt hatte ich ja selbst erlebt, dass das Gegenteil der Fall ist und ich nun die wichtigste Dimension des Real Life kennengelernt hatte, die es überhaupt gibt[11].

Zu unserer freudigen Überraschung waren die Reaktionen und Kommentare auf dieses kurze Statement im Jahresrückblick total positiv und sehr viele Abonnenten sagten, dass sie gern mehr über diese Geschichte mit Gott erfahren würden und es gut fänden, wenn wir ein extra Frage & Antwort-Video nur dazu machen würden.

Inzwischen haben wir uns überlegt, dass wir dieses Thema auf einem extra Kanal weiter vertiefen möchten (siehe Seite 219). Wir wollen ja niemanden missionieren, der vielleicht gar nichts mit dem Thema Gott am Hut hat. Aber die, die mehr darüber erfahren möchten, können dann dort reinschauen, und wir werden immer wieder Geschichten aus unserem Real Life mit Gott erzählen. Ich kann euch sagen, das ist auf jeden Fall spannender als unsere ganzen semi-kriminellen Aktionen in der Schule zusammen! Und am Ende steht nie eine Strafe, sondern immer ein Happy End.

WIE ES WEITERGEHT

Lernkurven, offene Fragen und ein Ausblick

Heute ist der 10. April 2020. Der Corona-Virus hat die Welt zum Stillstand gebracht, und wir haben uns mit Julius und Luna, mit denen wir auch normalerweise in einer WG leben, zu Quarantänezwecken in unser Baumhaus zurückgezogen. Wie praktisch, dass wir im Januar noch ein freischwebendes Badezimmer mit Infinity-Badewanne angebaut hatten. Jetzt brauchten wir nur noch eine Toilette und einen Pizza-Ofen (natürlich aus einer alten Badewanne) und fertig war der perfekte Rückzugsort.

So viel hat sich in den letzten Wochen und Monaten in unserem Leben verändert.

Ich habe mir gerade den Text durchgelesen, den ich bisher geschrieben habe. Eigentlich hatte ich nie geplant, diesen Text jemals zu veröffentlichen. Das sind meine ganz privaten Notizen, meine persönliche Geschichte hinter der Kamera, die ich eigentlich nur für mich aufgeschrieben habe, um mich zu erinnern an diese krassen Jahre, an diese bewegende Zeit, die mich so sehr verändert und geprägt hat.

Jetzt bin ich etwas unsicher, ob ich das alles so erzählen sollte, ob es wirklich jemandem weiterhilft und Hoffnung gibt. Aber wer weiß. Ich würde mir wünschen, dass dich diese Geschichte inspiriert, motiviert, das Real Life auf eine ganz neue Art kennenzulernen. Genauso, wie die privaten Videos, die wir am Anfang nur für unsere Freunde gemacht haben, jetzt tausende Menschen inspirieren und motivieren.

Ich sehe das Flugzeug, das Krankenzimmer und auch das Feuer, das vom Himmel gefallen ist, immer noch vor mir. Schon fast zwei Jahre sind es jetzt. Schon fast zwei Jahre ist es her, dass ich mich für das Leben mit Gott entschieden habe.

Letzte Woche habe ich einen riesigen Adler an meine Zimmerwand zu Hause gemalt und den Vers daneben geschrieben, der mir ganz besonders viel bedeutet: *Alle, die ihre Hoffnung auf den Herrn setzen, bekommen neue Kraft, sie sind wie Adler, denen mächtige Schwingen wachsen!* Das steht in Jesaja 40,31.

Genau das habe ich erlebt. Wie soll ich da denn *glauben*, dass es Gott gibt? Wenn mich jemand fragt, ob ich an Gott glaube, sag ich am liebsten: „Nein, ich glaube nicht, ich *weiß*, dass es ihn gibt!"

Heutzutage wird dem Wort Glauben oft eine völlig falsche Bedeutung zugeteilt. In der Bibel ist mit dem Glauben eben dieses Wissen gemeint. Wenn ich sage, dass ich an dich glaube, dass ich daran glaube, dass du etwas Besonderes erreichen wirst, dann meine ich nicht damit, dass ich es aus irgendwelchen unerklärbaren Gründen annehme. Dann meine ich damit, dass ich darauf vertraue, dass ich weiß, dass du es schaffen wirst. Das kommt meinem jetzigen Glaubensbegriff schon viel näher.

Und das Krasseste ist, dass ich mir diesen Glauben nicht irgendwie selbst erarbeitet habe, sondern dass Gott ihn mir geschenkt hat! Nicht, weil ich irgendwie besonders bin oder alles richtig gemacht habe, ganz im Gegenteil.

Samuel Koch hat einmal gesagt, dass Gott wie ein Navi sei. Wenn wir im Leben falsch abbiegen, berechnet er die Route einfach neu. Er macht trotzdem noch das Beste aus diesen Entscheidungen, die wir mit unserem freien Willen treffen dürfen, die er uns niemals abnehmen wird. Und manchmal haben diese ganzen Umwege sogar einen Sinn. Vielleicht sind es gerade diese zuerst schmerzhaften Erfahrungen, die einem Kraft und Gottvertrauen für weitere, weitreichendere Entscheidungen geben.

Vielleicht ist es mit dem Glauben so wie mit unserer physischen Kraft. Je mehr wir trainieren, umso stärker werden wir. Je härter wir an uns arbeiten, je länger wir uns auf die Probe stellen, umso mehr Ausdauer bekommen wir. Vielleicht ist das bei unseren geistlichen Muskeln so ähnlich – mit diesem Glauben, diesem Vertrauen darauf, dass Gott sich an sein Versprechen hält, auch wenn wir es noch nicht sehen können.

Ich werde nie wissen, warum meine Schwester so früh sterben musste. Klar kann ich mir Theorien ausdenken, mir vorstellen, dass sie es jetzt im Himmel so viel besser hat und ihr so vielleicht einiges erspart geblieben ist. Und doch bleibt am Ende die Frage, warum Gott manchmal eingreift und Unfälle verhindert und manchmal nicht. Und warum Elli in die zweite Kategorie gefallen ist.

Auf diese Frage habe ich keine Antwort. Ich denke nicht, dass es möglich ist, Gott in allem zu verstehen. Aber wir können Gott in allem erkennen. Und dann können wir ihm vertrauen. Wir können ihm vertrauen, dass er keine Fehler macht, dass er uns beisteht und uns sicher ans Ziel bringt. Elli hat er schneller ans Ziel gebracht als alle anderen von uns. Vielleicht hat er sie vor bitteren Umwegen bewahrt. Vor solchen Umwegen, wie ich sie gehen musste. Oder gehen durfte.

Ich würde auch heute nicht mit irgendjemand anderem tauschen wollen. Diese Erfahrungen, diese Erlebnisse bedeuten mir so viel. Gott kann alle Schäden heilen, alle Nebenwirkungen beseitigen. Gott hat sowieso alles in der Hand, selbst wenn Narben bleiben, physische und vielleicht auch seelische, die mich an diese

Zeit erinnern, die mich aber auch daran erinnern, was Gott für mich getan hat. Und schließlich sind Narben die Spuren von Verletzungen, die geheilt sind.

Wenn ich jetzt zurückdenke an die Zeit, in der ich im Rollstuhl saß und mir nicht vorstellen konnte, jemals wieder richtig laufen zu können, kann ich es kaum glauben, wie krass sich mein Leben verändert hat. Mein Knie ist wieder komplett beweglich, ich gehe dreimal die Woche trainieren, kann rennen, springen und bin durch den vielen Sport fast fitter als mein Bruder geworden. Und das, obwohl ich nach den unnötigen Eingriffen beim Orthopäden war und der nur seinen Kopf darüber geschüttelt hat und meinte, dass ich mein Knie nie mehr richtig beugen können würde. Gott tut heute eben doch noch Wunder.

Ich war wegen des Tumors nicht mehr beim Arzt. Gott hat mir die Gewissheit geschenkt, dass er mich geheilt hat. Außerdem würde ich den Tumor vermutlich selbst zuerst spüren, wenn er wieder wachsen sollte. Letztes Mal habe ich ihn auch gespürt, ohne dass er durch den Nachsorgetermin entdeckt wurde. Aber an diese Möglichkeit denke ich eigentlich gar nicht.

Ich werde oft gefragt, ob ich mir keine Sorgen mehr mache, ob ich keine Angst habe, dass der Tumor doch nochmal zurückkommt und ob ich nicht doch nochmal zum Arzt gehen möchte. Nein, darüber mache ich mir tatsächlich keine Sorgen mehr. Diese Angst hat mir Gott ein für alle Mal genommen. Und das ist eigentlich das größte Wunder von allen: Dass ich keine Angst mehr habe. Keine Angst vor einer unsicheren Zukunft, vor dem Tod, vor einer neuen Erkrankung. Gott hat mir nicht versprochen, dass ich nie mehr Probleme haben werde oder dass ich nicht wieder krank werde. Aber er hat mir versprochen, dass er immer bei mir ist und mich in seiner Hand hält, egal was kommt. Und dieses Versprechen hat er auch gehalten.

Damit will ich nicht behaupten, dass ich jetzt einen perfekten Glauben habe. Ich habe manchmal immer noch meine Zweifel und ich schätze, das ist auch ganz natürlich und okay. Wichtig ist nur, wie wir mit diesen Zweifeln umgehen: sie nicht wegdrücken, sondern ehrlich anschauen. Wir können Gott alles sagen, immer ganz ehrlich zu ihm sein. Das sollen wir sogar. Wie das geht, sieht man zum Beispiel in den Psalmen. König David, von dem die meisten Psalmen sind, war total echt und ehrlich zu Gott. Immer wieder hat er Gott gesucht, zu ihm geschrien, ihn fast angeklagt. Und immer wieder war Gott da, hat seine Gebete erhört und ihm geholfen.

Ich sehe Zweifel mittlerweile als Herausforderungen, an denen ich weiterwachsen kann. Und ich wundere mich, dass Gott nicht denkt, dass er mir so langsam mal genug geholfen hat; eigentlich müssten doch alle Zweifel direkt wieder verschwinden, wenn ich mir diese ganzen Geschichten wieder durchlese. Aber so funktioniert das eben nicht, dass man sich einmal zum Glauben entschließt und dann hat man nie mehr Zweifel. Das ist vielleicht eher wie bei einem Akku, der immer wieder aufgeladen werden muss. Wenn die Kraft nachlässt, wenn sich doch wieder Sorgen anschleichen, helfen mir meine ganzen „geistlichen Muskeln" auch nichts.

Wie gesagt bin auch ich ein Zweifler, ein rational denkender Mensch, der sich nicht auf seine eigene Kraft und auf einmal gemachte Erfahrungen verlassen kann. Zum Glück können wir damit zu Gott gehen und er wird den Akku wieder aufladen.

Er schenkt uns besondere Erlebnisse und Erfahrungen, die wir uns sozusagen einrahmen und wie ein Bild an die Wand hängen können. Sie erinnern uns daran, was er schon alles getan hat. Es kann auch helfen, sich die „Bilder" von anderen anzuschauen.

Vielleicht kann man aus den Erfahrungen anderer etwas schlauer werden und schmerzhafte Erlebnisse vermeiden. Vielleicht kannst du aus diesem Buch und meinen Erlebnissen auch etwas für dich mitnehmen. Das kann schon sein. Aber das ist nicht alles. Gott geht mit jedem Menschen seinen ganz eigenen Weg, hilft ihm in seinen individuellen Herausforderungen und zeigt ihm ganz persönlich, dass er bei ihm ist. Und dann bekommt man nach und nach mehr Kraft und mehr Vertrauen. Die bekommt man nicht dadurch, dass man die Geschichten von anderen liest, dass man sich die Erfahrungen von anderen anhört, dass man jeden Sonntag in die Kirche geht und eine fromme Predigt anhört. Das muss man selbst erleben. In seinem eigenen Real Life.

Gott kann durch schwierige, aber auch gute und wunderschöne Erlebnisse und Erfahrungen zu dir sprechen. Ich denke, so spricht er am allerliebsten. Manchmal muss er aber auch schreien, weil wir sonst nicht hinhören. So wie bei mir. So lange, bis ich zu ihm geschrien habe. Und am Ende wird alles Sinn machen, was ich bisher noch nicht verstehe. Und es gibt so einiges, was ich nicht verstehe.

Ein Beispiel: Vor ein paar Monaten habe ich in meinem Zimmer im Neuen Testament gelesen, ich war gerade in der Apostelgeschichte. Da bin ich an dieser Geschichte von Jakobus und Petrus hängen geblieben, in Kapitel 12:

*In dieser Zeit ließ König Herodes einige Christen in Jerusalem verhaften und foltern. **Jakobus, der Bruder von Johannes, wurde enthauptet.** Als Herodes merkte, dass er dadurch bei den Juden Ansehen gewann, ließ er auch noch Petrus gefangen nehmen, und zwar während des Festes der ungesäuerten Brote.*

*Man warf den Apostel ins Gefängnis. Dort bewachten ihn ununterbrochen vier Soldaten, die alle sechs Stunden abgelöst wurden. Herodes wollte nach der Festwoche Petrus öffentlich den Prozess machen. Aber die Gemeinde in Jerusalem hörte nicht auf, für den Gefangenen zu beten. In der letzten Nacht vor dem Prozess schlief Petrus zwischen zwei Soldaten und war mit Ketten an sie gefesselt. Die beiden anderen Soldaten hielten vor der Zelle Wache. Plötzlich betrat ein Engel des Herrn die Zelle, und Licht erfüllte den Raum. Der Engel weckte Petrus, indem er ihn anstieß, und sagte zu ihm: »Steh schnell auf!« Sofort fielen Petrus die Ketten von den Handgelenken. »Binde deinen Gürtel um und zieh deine Schuhe an«, befahl ihm der Engel. »Nimm deinen Mantel und folge mir!« Petrus verließ hinter dem Engel die Zelle. Aber die ganze Zeit über war ihm nicht klar, dass all dies wirklich geschah. Er meinte, er hätte eine Vision. Sie gingen am ersten Wachposten vorbei, dann am zweiten und kamen schließlich an das schwere Eisentor, das zur Stadt führte. Es öffnete sich wie von selbst vor ihnen. Nun hatten sie das Gefängnis verlassen und bogen in eine schmale Straße ein. Da verschwand der Engel, und **erst jetzt begriff Petrus: »Der Herr hat mir tatsächlich seinen Engel geschickt, um mich aus der Gewalt von Herodes zu retten.** Die Juden werden vergeblich auf meine Hinrichtung warten.«*

Das fand ich schon sehr irritierend. Jakobus wird hingerichtet, kein Ton wird dazu gesagt, es ist einfach so. Keine Erklärung auf die Frage nach dem WARUM, die sich sicher auch die Christen damals gestellt haben. Und dann zwei Sätze später wird von Petrus berichtet, der auf so eine krasse Art und Weise gerettet wird. Ist das nicht ungerecht? Handelt so ein liebender Gott?

Irgendwie hat mich das echt beschäftigt. Nicht erst wegen dieser Story in der Bibel, sondern weil ich mich schon oft an solchen widersprüchlichen, scheinbar total ungerechten Verhaltensweisen von Gott gestoßen hatte. An diesem Tag hatte mir meine Mutter von einer guten Freundin erzählt, die gerade an Krebs gestorben war. Sie war zwar schon deutlich älter als ich, ich glaube, 80 Jahre alt, aber auch für sie hatten Menschen gebetet. Menschen, die Gott vertrauten, dass er sie heilen könnte. Eine andere Freundin, ebenfalls Christin, hatte Brustkrebs und ließ sich nun operieren, nachdem alle möglichen Leute für sie gebetet hatten und sie alternative Behandlungsmöglichkeiten getestet hatte, die ihr aber nicht helfen konnten.

Da waren sie wieder, meine Zweifel.

Ist Gott unberechenbar? Er hilft den einen, teils auf spektakuläre Art und Weise, den anderen nicht. Warum werden Menschen, die beten und an Gott glauben, genauso oft krank wie die, die es nicht tun? Was bedeutet das für mich? Soll ich doch wieder zu den Ärzten gehen? Mich wenigstens untersuchen lassen? Irgendwie macht das doch alles keinen Sinn. Es hat damals keinen Sinn gemacht und macht heute immer noch keinen Sinn. Warum ist das so?

Ich bin mit unserem blauen Swingbike in den Wald gefahren. Ich wollte mit Gott darüber reden, ihm diese Fragen stellen. Da bin ich an einem Grundstück mitten im Wald vorbeigekommen, auf dem eine kleine Hütte steht. Das Gelände gehört einem Bekannten von uns. Hier würde ich Ruhe haben.

Es war schon dunkel geworden. Die kleine Blockhütte war abgeschlossen, die Fensterläden zu, also bin ich hinters Haus gegangen, hab mich in das Moos gekniet und Gott meine Fragen gestellt.

Warum bist du so unfair?

Warum lässt du Dinge in einem Fall zu, im anderen nicht?

Warum hast du zugelassen, dass Elli mit dem Flugzeug verunglückt ist, während du andere bewahrst, aus kaputten Beziehungen holst und ihnen ein glückliches Leben schenkst?

Hätte Gott nicht auch Elli helfen können?

Wollte Gott ihr vielleicht einfach nicht helfen?

Wollte Gott mir überhaupt wirklich mit meinem Tumor helfen?

Ganz schön harte Fragen, ja. Aber ich denke, dass man immer ehrlich zu Gott sein kann, darf und sein sollte. Sonst steht etwas zwischen ihm und mir. Eine unausgesprochene Frage, ein ungesundes Misstrauen, das schon so manche Beziehung zerstört hat. Kommunikation ist in jeder Beziehung das Wichtigste. Auch in der Beziehung zwischen Gott und mir. Aber wie sollte er mir darauf jetzt antworten?

Das würde er schon hinbekommen, davon war ich überzeugt. Das war ja jetzt auch nicht mein Problem.

Irgendwann bin ich wieder nach Hause gefahren. Ohne Antwort.

Als ich nach meiner kleinen Radtour zu Hause ankam, hatte ich eine Nachricht von Anna mit einem Artikel als Anhang. Sie schickt mir nie irgendwelche Artikel, erst recht keine theologischen Abhandlungen. Zumindest hatte sie mir bis dahin noch nie so etwas geschickt.

Der Artikel hieß: *GOTT ERKENNEN STATT VERSTEHEN. Reif mit Krisen umgehen: Wenn Gott uns irritiert. Von Thomas Härry.*

Das war ja interessant! Die erste Überschrift war: *Wenn Gott eingreift – oder nicht.* Ihr werdet es mir nicht glauben, aber genau diese Stelle aus der Apostelgeschichte, die mich so beschäftigt hatte, wurde hier als Beispiel dafür genommen, dass Gott manchmal eingreift, aber eben nicht immer:

Ich finde das irritierend, verstörend. Und stelle fest: Das gab es ja schon in der Bibel, in der Apostelgeschichte 12 (…) Warum wird uns beides erzählt? Das hinterlässt doch einen irritierenden Eindruck! Weshalb gibt es keine klare Botschaft? „Wenn die Gemeinde betet, dann wird man bewahrt" – das wäre eindeutig. Oder die Erklärung, dass ein solches Sterben irgendwie Sinn macht. Doch auch dazu nichts, es bleibt einfach so stehen.

Immer, wenn mir solche harten Nüsse in der Bibel begegnen, frage ich mich, was lerne ich hier über Gott? An dieser Stelle steht offensichtlich die Tatsache, dass Gott manchmal unverständlich ist. Verwirrend. Jakobus geköpft – Petrus gerettet. Und über allem steht auf irgendeine Weise auch Gott – aber eben nicht auf eine durchsichtige Weise. Er mutet uns Wege zu, die wir nicht durchschauen. Da ist einfach nichts zu erkennen – selbst wenn wir noch so sehr nach Erklärungen suchen. Weshalb ist das so? Weil es dunkle Seiten Gottes gibt. Damit meine ich nicht bösartige Seiten Gottes, eine willkürliche Unberechenbarkeit. Mit „dunkel" meine ich: Hier sind uns Gottes Absichten nicht zugänglich. Es ist nicht so, dass keine da wären – aber wir sehen sie nicht. Er lässt sich nicht in die Karten blicken. Dieser nahe Gott, der sich uns so väterlich schenkt – er bleibt uns manchmal auch fremd und unzugänglich.

Wir (…) wollen ihn verfügbar machen. Aber genau das geht nicht. Gott verstehen wollen – Ursache und Wirkung immer durchschauen – dieses Konzept kommt nicht aus Gottes Küche. (…) Die Bibel geht anders um mit dem Schweren und den Zumutungen Gottes. Sie betont: Was immer dir passiert, es geht gar nicht darum, immer alles zu verstehen.

Du sollst Gott erkennen – nicht verstehen! Das ist ein großer Unterschied.

Verstehen kann man nur bedingt. Was ich aber laut Bibel immer kann, ist: Gott erkennen. (…) „Erkennen" bedeutet intime Nähe. Man könnte diese Nähe auch übersetzen mit: Ich vertraue mich jemandem an, ich öffne mich, verschenke mich, gebe mich ihm hin, lasse mich auf ihn ein.

Wir können Gott nicht immer verstehen, aber wir können ihn selbst im Unverständlichen erkennen. Ihm näherkommen, uns ihm hingeben, ihn verehren, uns ihm anvertrauen. (…)
„Verlasse dich nicht auf deinen Verstand." Das heißt keinesfalls, den Verstand nicht zu gebrauchen. Aber der Verstand hat eben Grenzen. Und deshalb heißt es weiter: „… sondern setz dein Vertrauen ungeteilt auf den Herrn. Erkenne ihn." (…) In allen Umständen können wir unseren Weg mit Gott weitergehen – und er wird dafür sorgen, dass dies tatsächlich so geschehen kann.[12]

Eigentlich muss ich dazu gar nichts mehr sagen, das war so eine gute Antwort auf meine Frage. Ich finde es immer wieder krass zu erleben, wie schnell sich Gott um unsere Fragen kümmert und welche Mittel er hat, uns zu erreichen.

Mir ist nochmal bewusst geworden, dass es nicht darum geht, den Absturz unserer Schwester zu erklären. Oder warum ich krank werden musste. Ob es überhaupt einen bestimmten Grund dafür gab. Aber was ich weiß, ist, dass er die ganze Zeit da war, dass er mich durch diese ganze Zeit getragen hat und mich immer weiter tragen wird. Ich konnte Gott in der Situation nicht verstehen, aber ich konnte ihn in jeder noch so schweren Situation erkennen.

Eins habe ich auf jeden Fall verstanden: Ich bin vor Gott weggerannt, weil ich dachte, er würde mich einengen. Ich dachte, er wäre ein Spaßverderber. Ich dachte, er wäre wie die Polizei, die schon so oft hinter uns hergerannt ist, um uns zur Rechenschaft zu ziehen. Aber so ist Gott nicht.

Es ist vielleicht so ähnlich wie in einem Gerichtsverfahren. Du stehst vor einem Richter, weil du ein Verkehrsschild missachtet hast. Da ist es egal, wie viele Male du dich vorher schon daran gehalten hast oder wie sehr du beteuerst, dass du dich in Zukunft immer korrekt verhalten willst. Das Bußgeld ist fällig.

Und jetzt stell dir vor, dass der Richter aufsteht und sagt: „Ja, dieses Bußgeld ist gerecht. Aber ich bezahle es für dich." Das ist es, was Gott uns anbietet. Alles, was wir tun müssen, ist, dieses Geschenk anzunehmen.

Und dann werden wir das nächste Mal vielleicht gar nicht wieder tun wollen, wofür er bezahlt hat, auch wenn uns keiner zwingt. Wir werden voller Dankbarkeit daran denken, was er für uns getan hat, und vielleicht sogar anfangen, den Sinn hinter manchen Schildern zu sehen. Und soweit ich es bisher erlebt habe, machen die Schilder, die Gott aufgestellt hat, Sinn – im Gegensatz zu denen an unserem Badesee.

In mir hat sich etwas verändert. Früher wollte ich unbedingt falsch herum in jede Einbahnstraße fahren, weil ich dachte, dass sie mich einengt. Jetzt frag ich lieber mein göttliches Navi, welche Route es empfiehlt.

Das ist „Real Life", das wahre Leben, nach dem ich immer gesucht habe. Die coolste Aktion, der größte Adrenalinkick, das tollste Abenteuer kann mir nicht so viel Freude schenken, so viel Sinn und so viel Hoffnung.

Wenn ich jetzt rüberschaue, an meine Zimmerwand, auf die ich vor ein paar Wochen diesen riesigen Adler gezeichnet habe, der gerade seine Flügel ausbreitet, um abzuheben, kann ich nur sagen, dass der Vers, der danebensteht, zu 100 Prozent wahr ist:

Aber alle, die ihre Hoffnung auf den Herrn setzen,
bekommen neue Kraft.
Sie sind wie Adler,
denen mächtige Schwingen wachsen.
Jesaja 40, 31

Wenn du mehr wissen willst

Ich weiß ja nicht, was du jetzt über all das denkst, was du gelesen hast. Vielleicht war es dir schon viel zu viel Gerede über Gott. Vielleicht hat es dich aber auch angesprochen oder zum Nachdenken gebracht. Das würde mich freuen!

Falls du noch nach deinem Rettungsanker suchst, diesem Anker, der dir selbst in den stürmischsten Zeiten Halt gibt, kann ich dir echt empfehlen, dich an Gott zu wenden. Weil das aber manchmal gar nicht so einfach ist, haben wir zusammen mit Christopher Schacht, den du vielleicht von seinem Bestseller „Mit 50 Euro um die Welt" kennst, und anderen Freunden einen neuen YouTube-Kanal gestartet:

Schau doch gern mal bei https://lifelion.de/ vorbei, da findest du aktuelle Infos und den Link zum YouTube-Kanal. Der Kanal läuft unter dem Namen „Life Lion". Ein bewusstes Wortspiel, das das Lebensgefühl unserer eigenen Glaubenserfahrung zusammenfasst: Gottes „LifeLine"[13] zu ergreifen, das fühlt sich an, wie mit nagelneuen Flügeln zu fliegen. Wie mit dem Mut eines kraftvollen Löwen dem Leben zu begegnen. Und genau das wünsche ich dir!

Dein Philipp

Über den Autor

Philipp Mickenbecker, Jahrgang 1997, ist Outdoor-Fan, Tüftler und YouTuber mit Millionen-Reichweite. Mit seinem Zwillingsbruder Johannes und der Hilfe von Freunden bringt er eine Badewanne zum Fliegen, bastelt in einer Nacht-und-Nebel-Aktion im Baumarkt eine Loopingbahn zusammen oder verwirklicht den Traum vom Baumhaus Deluxe. Geht nicht gibt's nicht bei den „Real Life Guys". Für sie gilt die Devise: Das Leben ist zu kurz, um es auf der Couch zu vertrödeln. Do something!

Mehr Infos unter www.youtube.com/the_real_life_guys/

Endnoten

1   https://de.wikipedia.org/wiki/Charles_Darwin

2   https://www.youtube.com/watch?v=dNxh40ZS6FA

3   https://www.youtube.com/watch?v=HdDEHyad2ak

4   Blessings Lyric-Video: https://www.youtube.com/watch?v=Cd6J6Wgnv4M

5   https://youtu.be/3rGVtlZB9Lk Zweifel. Text: Sarah Marie Tönges.
    © 2019 Gerth Medien, Asslar

6   https://www.365steps.de/

7   Die gute Saat, 2018, CSV Verlag

8   https://www.youtube.com/watch?v=NIPHIjJqcz4

9   https://www.youtube.com/watch?v=KD9NCNOFD3A

10 https://youtu.be/Fhf-FnZgFO0

11 https://youtu.be/yn5WC-6d_Zs

12 Thomas Härry: Gott erkennen statt verstehen. Artikel im Magazin
    AUFATMEN 1/2010, S. 9-13

13 Lifeline = Englisch für: „Rettungsleine, Lebenslinie, Lebensader (und
    auf dem EKG die Puls-Linie, die zeigt, dass Leben in einem steckt)

Der Verlag weist ausdrücklich darauf hin, dass im Text enthaltene externe
Links vom Verlag nur bis zum Zeitpunkt der Buchveröffentlichung eingesehen
werden konnten. Auf spätere Veränderungen hat der Verlag keinerlei Einfluss.
Eine Haftung des Verlags ist daher ausgeschlossen.

Einige der Namen der handelnden Personen im Buch wurden geändert,
um die Persönlichkeitsrechte zu schützen.

Die Bibelzitate wurden, sofern nicht anders angegeben, der folgenden
Bibelübersetzung entnommen: Hoffnung für alle – Die Bibel, durchgesehene
Ausgabe in neuer Rechtschreibung, © 1986, 1996, 2002 International Bible
Society, USA. Übersetzt und herausgegeben durch: Brunnen Verlag Basel,
Schweiz (Hfa)

MIX
Papier aus verantwor-
tungsvollen Quellen
FSC
www.fsc.org   FSC® C014496

© 2020 der deutschen Ausgabe adeo Verlag
in der SCM Verlagsgruppe GmbH, Dillerberg 1, 35614 Asslar

1. Auflage 2020
Bestell-Nr. 835283
ISBN 978-386334-283-8

Umschlaggestaltung: Olaf Johannson, spoondesign.de
Umschlagfoto: The Real Life Guys
Fotos Bildteil: The Real Life Guys
Satz: Uhl + Massopust, Aalen
Druck und Verarbeitung: GGP Media GmbH, Pößneck
Printed in Germany

www.adeo-verlag.de